THE ROMANCE OF TRISTRAN

THE ROMANCE
OF TRISTRAN

by BEROUL

A Poem of the Twelfth Century

Edited by A. EWERT

Late Professor of the Romance Languages in the
University of Oxford

VOLUME I

INTRODUCTION, TEXT, GLOSSARY, INDEX

NEW YORK
BARNES & NOBLE
INC.
1971

First published in the United States, 1971
by Barnes & Noble, Inc.
New York, New York

ISBN 389 04090 8

Printed in Great Britain

PREFACE

THE Romance of Tristran by Beroul has long been recognized, not merely as a text of fundamental importance in the Tristran tradition, but as a work of striking literary merit and exceptional vitality. It is therefore natural that it should often figure among the Old French texts prescribed in our Universities. The only available edition has hitherto been that prepared by Professor Muret for the *Classiques français du moyen âge*. This is once again out of print, and it is clearly undesirable that such an interesting text should have to be eliminated for this reason alone. In preparing a new edition I have been further actuated by the desire to meet the requirements of our students more fully than has been possible in the series mentioned, particularly in regard to the glossary.

The difficulties presented by this text are well known. They have engaged the attention of Professor Muret for many years and the bulk of his emendations, as embodied in his latest edition (1928), must commend themselves as reasonable to the impartial critic. Many of them must be accepted by any future editor unless he carries independence to the point of perversity. My indebtedness to him is therefore very considerable and has been acknowledged without reserve in the proper place. I have, however, proceeded on principles which differ somewhat from his. The detailed discussion of emendations accepted or rejected in this edition is reserved for the second volume, which will contain a commentary and will deal with date, authorship, composition and other literary problems. For the present, it must

v

suffice to say that I have observed, as strictly as possible, the precept of the archaeologist Didron quoted by the late Professor Bédier in the preface to his edition of the *Chanson de Roland* : ' Il faut conserver le plus possible, réparer le moins possible, ne restaurer à aucun prix.'

The Glossary has been compiled anew from the text, but here too the full and wholly admirable glossary which accompanies Professor Muret's first edition for the *Société des Anciens Textes Français* repeatedly proved of great assistance. Considerations of space imposed some selection, and this has been made with an eye to the needs of the average student as my own experience and that of other teachers have revealed them.

It is a pleasure to record my gratitude to Mr. R. C. Johnston for his assistance in the reading of proofs and for a number of valuable suggestions.

A.E.

Oxford, November, 1938.

CONTENTS

CONTENTS

INTRODUCTION

I. PREVIOUS EDITIONS

THE version of the Tristran story attributed to Beroul has been edited successively by F. H. von der Hagen,[1] Francisque Michel,[2] and Ernest Muret. Professor Muret first edited it for the *Société des Anciens Textes Français* in 1903 and re-edited it for the *Classiques français du moyen âge* in 1913, 1922, and 1928. Corrections were proposed by A. Mussafia in *Romania* XXXIV (1905), 304; A. Tobler in *Zeitschrift für rom. Phil.* XXX (1906), 741; J. Acher in *Zeitschrift für rom. Phil.* XXXIII (1909), 720; M. Roques in *Romania* XXXIX (1910), 409; A. Jeanroy in *Mélanges Antoine Thomas* (1927), 227; F. J. Tanquerey in *Romania* LVI (1930), 114. Those proposed by Gaston Paris while Muret's first edition was in proof are recorded on pages 253-4 of that edition.[3]

II. THE MANUSCRIPT

The text is preserved in MS fr. 2171 (formerly G. Reg. 7989, Baluze 759) of the Bibliothèque Nationale in Paris. It lacks the beginning and the end and consists, in its present state, of thirty-two folios of vellum numbered and arranged in the order flesh-hair-

[1] *Gottfrieds von Strassburg Werke*, herausgegeben durch Friedr. Heinr. von der Hagen, Breslau, 1823, Vol. II, pp. 243–303.

[2] *Tristan. Recueil de ce qui reste des poëmes relatifs à ses aventures* ... publié par Francisque Michel, London and Paris, 1835-8, Vol. I, pp. 3–212 and Vol. II, pp. 161–192 (notes), 229–266 (glossary), 303 ff. (additions and corrections).

[3] See also L. Jordan's review in *Literaturblatt für germ. und rom. Philologie*, XXXVI (1916), 16 and M. K. Pope, 'Note on the Dialect of Beroul's " Tristan" and a Conjecture,' *Modern Language Review* VIII (1913), 189.

hair-flesh for the first two gatherings, but with apparently some variations of this arrangement in the remainder of the MS. The gatherings are of eight leaves, the catch-words for the following folio appearing at the foot of the folios 8*d*, 16*d*, 24*d*, 32*d* respectively. The binding bears the Imperial arms and measures 240 × 165 mm., the dimensions of the vellum being 234 × 157 mm. and those of the written portion normally 165 × 120 mm.

The writing is in two columns per page, each column containing normally thirty-five lines, but sometimes thirty-six. The first two folios have been damaged by moisture, leaving a number of lines illegible or difficult to decipher and resulting in tears in columns 1*a* and 1*d*. The first letter of each line is separated from the rest of the line by a space. Large red initials are used at irregular intervals, and though they do not correspond to divisions in the narrative, their place has been indicated in the present edition by indenting the line. No other colouring or ornamentation appears in the MS. The guide-letters are frequently to be seen in the margins but have sometimes been cut away. The dry-point ruling is in places obliterated, particularly the horizontal lines. Three vertical lines ensure the vertical alignment of each column, the initial letters being written on the middle one.

The MS is in a single hand, which belongs to the second half of the thirteenth century. The writing is rather heavy, cramped and careless. In particular, the letters *n* and *u*, *c* and *t*, *f* and *s* appear frequently to have been written one for the other (e.g. *onoc* 591, *neisiez* 497, *fera* 518). There is an occasional and irregular use of capitals (e.g. *Respont* 671). Single consonants are frequently written for double and double for single. Further signs of carelessness are the omission of single lines (344, 533, 1796, 2315, 2600, –

3942, 3950, 4077, 4214, 4446), and sometimes of one or more couplets. Following the example of Muret, I have indicated such omissions by a dotted line. The end of a line is sometimes repeated, the scribe's eye having wandered to the following line, less frequently, it would seem, to the preceding. This failing has been of some slight assistance in deciding upon emendations. On two occasions a couplet has been transposed: ll. 3051–2 appear as ll. 1–2 of fol. 22d, while lines 3607–8 come between 3574 and 3575 (fol. 26c). Lines 1910–12 appear twice, and a supernumerary line figures after l. 1834. Other errors of a similar kind have been corrected by the scribe himself (see Variants).

The scribe employed freely a large number of abbreviations. These have been expanded in accordance with the scribe's own orthography. The signs used to indicate abbreviation by contraction or by suppression of letters are sometimes difficult to distinguish. The sign ꝫ (whose most common value is *er* or *re*) is sometimes indistinguishable from an apostrophe (*pst'* = *prest* 2676, 3225, etc.), and the titulus, which indicates the omission not only of *m* and *n*, but of other letters, is sometimes very short and assumes a form which approximates to that of an apostrophe. Subject to this qualification their uses may be summed up as follows:—

When the titulus (or a deformation of it) indicates the omission of *m* or *n*, it has been replaced in this edition by *n* before a labial (*senble* 29) because this is the almost invariable practice of the scribe when writing such words in full (*senblant* 2). When final it has been uniformly replaced by *m* in *criem* (1600, etc.), which is written in full in ll. 1012, 2422, and in *aim*, *am* (1401, 1404, etc.), which is nowhere written in full; while *hō* has been uniformly expanded to *hon* (592, 1880, etc.), the nominative *on* (*homo*), being represented variously by the scribe (*hom, hon, om, on, en, uen*). In other cases the scribe's own orthography provided the norm (*alon* 600, *avion* 495, etc.).

The titulus is also used to denote the suppression of the italicized letters in the following: p*re*n 1184 3840, 4456, p*re*ndre 1605, s*er*a 518, cov*er*t 4002, p*ar*t 1914, 3951, 3954, 4394, q*ua*nt 1946, p*oi*nt 2229, por 3849, l'*o*m 3699 (not lui*n* as in Muret), b*ie*n 1011, 1037, and 1048, 2360, 3974 (not bu*n* as in Muret), e*s*t 3447, 3724, fure*n*t 1787, m*en*t 2060, Jesu 2263, om*n*ipotent 32, om*n*ipotent 2333.

The scribe omitted the titulus as the equivalent of *n* in a large number of instances, all of which are indicated in the text by square brackets (328, etc.). He also omitted the titulus in *ps* (for *plus*) 2852.

The sign ꝛ (or its equivalent) represents *re* (*preïstes* 51), *er* (*vers* 132), *r* (*arbres* 1666), *ier* (*chier* 76),[1] *ue* after *q* (*requerre* 173), *ua* after *q* (*quartiers* 3968, *quar* 595, 761, etc.), *ir* (*morir* 1213). It is also used to denote the contractions ch*evalie*r (246) and vo*st*re (425).

9 is transcribed *com* before vowels, *con* before consonants, but *cun* in *chascun* (934, etc.); cf. *chascū* 1502.

⁹ is transcribed *us* in *pus* (43, etc.) and *jus* (482); but *os* in *vos, nos*, which are always so written when not abbreviated. In l. 3814 it seems to have been added above *o* with the value *s* (*vos*).

℘ may stand for *par* (16) or *per* (*deperdu* 1058). Forms of *aperçoivre* are uniformly abbreviated, and ℘ has here been expanded to *per*.

℘̃ is used for *por* (177, 270, etc.). In line 507 the scribe having written ℘, corrected his mistake by merely adding the sign for *or* above the ℘.

The conjunction *et* is so written once only (806); twice it appears as *e* (3185, 2698); elsewhere it is con-

---

[1] q̄ꝛ has been expanded to *quier* (64, 2542); it is written *qier* in l. 216 and *qⁱer* in ll. 1109, 1386 (cf. also *reqⁱer* in ll. 631, 682).

sistently denoted by ⁊, which has been uniformly expanded to *et*. The adverb *molt* (*multum*) is written *ml't* throughout and has been expanded to *molt*.

Superscript letters are used in the normal way. In *gueron* (677) *e* has been inserted above the line; in *seng(e)ler* (718) it has been wrongly so added. Superscript *a* may denote, not only *ra* (*grant* 6) and *ua* (*quant* 28), but *ar* (*barnage* 2510, etc.).

Certain numerals (5, 7, 8, 14, 15, 20) appear in the form of figures only and have been transcribed in their normal Old French form.

An acute accent is used upon *i* and normally serves to distinguish this vowel from contiguous *m* or *n* or *u*; but it is also used frequently upon *i* in other positions. The scribe employed it negligently (*sanie* for *saine* 3761, *raniee* for *ramee* 1841) and often omitted it. Apart from the sign : which is used with the value of an exclamation mark (*ha*: 643, *ha dex*: 750, etc.), the MS is devoid of punctuation. Scribal corrections are noted in the Variants; they are all in the hand of the scribe.

III. THE TREATMENT OF THE TEXT

The present edition reproduces the MS with the minimum of change. The use of capitals and the division of words have been regularized, punctuation introduced, and the distinction between *i* and *j*, *u* and *v* adopted in accordance with modern usage. Diacritic signs have been used as far as possible in accordance with the recommendations[1] of the congress of Romance philologists held at Paris in 1925.

The apostrophe is used to indicate the elision of final *e* whenever the scribe himself suppressed it. This he did frequently in monosyllabic words, and where he failed to do so, the *e* has been enclosed in round

[1] Published in the *Compte Rendu* of the *Société des Anciens Textes Français* (1926) and in *Romania* LII, 243.

brackets. Elision of the final *e* of polysyllabic words has not been indicated except in the rare instances when the scribe suppressed it. The scribal suppression of the final letter is also noted by an apostrophe in cases like *s'onor* (141).

The diaeresis is placed upon the final *e* of polysyllabic words to indicate non-elision, and it is also used to indicate hiatus within a word wherever necessary.

The acute accent has been used to distinguish tonic *e* from atonic *e* (ə) when it is final in monosyllables, and when it is final or followed by *s* in polysyllabic words.

Square brackets are used in the body of the text to indicate letters or words supplied by the editor. Round brackets indicate letters or words which are to be suppressed.

Subject to the above qualifications, every departure from the text of the MS has been noted in the variants. In addition, the deviations of Muret's third edition for the *Classiques français du moyen âge* (1928) from the present edition have been given, it being considered desirable to record his emendations even when they have not been adopted; but misreadings and misprints of that edition have not been recorded in the Variants unless there was some special reason for doing so. It has not been deemed necessary to call attention to the fact that certain minor and quite obvious corrections which can be indicated by the use of brackets in the text have also been made by Muret.

The variants have been arranged in the following way. Rejected MS readings follow the square bracket. Emendations made by Muret in his latest edition but not adopted in the present edition also come after the bracket and are followed by the letter *M* (accompanied where necessary by the name of the scholar to whom Muret owed the correction). The reading adopted precedes the bracket, and if it represents a correction already in Muret, it is followed by the letter *M*.

A re-examination of the damaged portions of the MS seemed to me to confirm the conjectural readings *fist et la* (l. 16) and *desor* (l. 120), and the readings deciphered by MM. Roques and Meylan in ll. 49, 79–81, 113–4, 117–8, 120, 149–55, 189, 261. The fact that their readings have been given partly in the variants to lines 48, 82, 112, 119, 187, is not intended to cast doubt upon them, but merely indicates that I have been unable to distinguish the words in question. On the other hand, it seemed possible to make out a few more words in ll. 10–12 and 116. In line 9 I prefer to read *mie* rather than *u roi* (Muret), and in line 49 *.a nos* for *.amor* (Roques, Meylan).[1]

---

[1] Further details, together with a facsimile of fol. 25 recto, are given in an article by the present writer, 'On the text of Beroul's Tristran', *Studies in French Language and Old French Literature presented to Professor Mildred K. Pope*, Manchester, 1939, pp. 89-98.

. . . .
Que nul senblant de rien en face.   *1 a*
Com ele aprisme son ami,
4 Oiez com el l'a devanci:
  'Sire Tristran, por Deu le roi,
Si grant pechié avez de moi,
Qui me mandez a itel ore!'
8 Or fait senblant con s'ele plore.
. . . . mie
. . . . mes en vie
. . . . ceste asenblee
12 . . . . s'espee
. . . .
I . . . .
Conme . . . .
16 Par Deu, qui l'air fist et la mer,
Ne me mandez nule foiz mais;
Je vos di bien, Tristran, a fais,
Certes, je n'i vendroie mie.
20 Li rois pense que par folie,
Sire Tristran, vos aie amé;
Mais Dex plevis ma loiauté,
Qui sor mon cors mete flaele,
24 S'onques fors cil qui m'ot pucele
Out m'amistié encor nul jor!
Se li felon de cest' enor,
Por qui jadis vos conbatistes
28 O le Morhout, quant l'oceïstes,
Li font acroire, ce me senble,
Que nos amors jostent ensemble,
Sire, vos n'en avez talent;

---

9 mie] *M reads* u roi 10–12 *not in M* (*see above, p.* xv) 16
fist et la *barely legible* 22 Dex] Dé *M*

32   Ne je, par Deu omnipotent,
      N'ai corage de drüerie
      Qui tort a nule vilanie.
      Mex voudroie que je fuse arse,
36   Aval le vent la poudre esparse,   *1 b*
      Jor que je vive que amor
      Aie o home qu'o mon seignor.
      Et, Dex! si ne m'en croit il pas;
40   Je puis dire: de haut si bas!
      Sire, molt dist voir Salemon:
      Qui de forches traient larron,
      Ja pus nes amera nul jor.
44   Se li felon de cest' enor

      . . . .
      . . . .
      . . . .
48   . . . .
      . amor deüsent il celer.
      Molt vos estut mal endurer
      De la plaie que vos preïstes
52   En la batalle que feïstes
      O mon oncle.   Je vos gari;
      Se vos m'en erïez ami,
      N'ert pas mervelle, par ma foi!
56   Et il ont fait entendre au roi
      Que vos m'amez d'amor vilaine.
      Si voient il Deu et son reigne!
      Ja nul verroient en la face.
60   Tristran, gardez en nule place
      Ne me mandez por nule chose;
      Je ne seroie pas tant ose
      Que je i osase venir.
64   Trop demor ci, n'en quier mentir;
      S'or en savoit li rois un mot,

---

43 nes *M*] nel   48 . . . aise . . parole *M* (*Roques, Meylan*)
49 .amor] .a nos *M* (*Roques, Meylan*)

Mon cors seret desmenbré tot,
Et si seroit a molt grant tort;
68   Bien sai qu'il me dorroit la mort.
    Tristran, certes, li rois ne set
Que por lui par vos aie ameit;
Por ce qu'eres du parenté   *1 c*
72   Vos avoie je en cherté.
Je quidai jadis que ma mere
Amast molt les parenz mon pere,
Et disoit ce que la mollier
76   Nen avroit ja [son] seignor chier
Qui les parenz n'en amereit;
Certes, bien sai que voir diset.
Sire, molt t'ai por lui amé,
80   Et j'en ai tot perdu son gré.'
'Certes, et il nen . . . .
Por qoi seroit tot . . . li . . .
Si home li ont fait acroire
84   De nos tel chose qui n'est voire.'
    'Sire Tristran, que volez dire?
Molt est cortois li rois, mi sire:
Ja nu pensast nul jor par lui
88   Q'en cest pensé fuson andui;
Mais l'en puet home desveier,
Faire le mal et bien laisier;
Si a l'on fait de mon seignor.
92   Tristran, vois m'en, trop i demor.'
    'Dame, por amor Deu, merci!
Mandai toi, et or es ici;
Entent un poi a ma proiere:
96   Ja t'ai je tant tenue chiere!'
Qant out oï parler sa drue,
Sout que s'estoit aperceüe;

70 par *M*] pas   75 la] ia   76 ja son] ia, le suen *M*   78 d.
M] diret (*cf.* 4146)   82 tot suen li . . .*M*(*Roques, Meylan*)   90
Faire mal faire et *M* (*Tobler*)

Deu en rent graces et merci,
100   Or set que bien istront de ci.
'Ahi! Yseut, fille de roi,
Franche, cortoise, bone foi!
Par plusors foiz vos ai mandee
104   Puis que chanbre me fu vee[e],
Ne puis ne poi a vos parler.
Dame, or vos vuel merci crïer   *1 d*
Qu'il vos menbre de cest chaitif
108   Qui a traval et a duel vif;
Qar j'ai tel duel c'onques le roi
Out mal pensé de vos vers moi
Qu'il n'i a el fors que je muere.
112   Fort m'est a . . . que je . . . .
Dame, granz . . . .
D . . . .
. . . .
116   . . . . ne fai
. . . . mon corage
. . . . qu'il fust si sage
. . . . . . creüst pas losengier
120   Moi desor lui a esloignier.
Li fel covert Corneualeis
Or en sont lié et font gabois.
Or voi je bien, si con je quit,
124   Qu'il ne voudroient que o lui
Eüst home de son linage;
Molt m'a pené son mariage.
Dex! porquoi est li rois si fol?
128   Ainz me lairoie par le col
Pendre a un arbre q'en ma vie
O vos preïse drüerie.

102 b.] en b. *M(Acher)*   105 puis] plus *M*   112 a cuer(?) que
M(Roques, Meylan)   116 ne fai *not in M*   119 Qu'il n'en (?)
c. pas l. *M(Roques, Meylan)*   120 desor. *The ends of the letters
are still visible and justify M's conjecture*

Il ne me lait sol escondire.
132 Por ses felons vers moi s'aïre,
Trop par fait mal qu'il les en croit ;
Deceü l'ont, gote ne voit.
Molt les vi ja taisant et muz,
136 Qant li Morhot fu ça venuz,
Ou nen i out uns d'eus tot sous
Qui osast prendre ses adous.
Molt vi mon oncle iluec pensis,
140 Mex vosist estre mort que vis.
Por s'onor croistre m'en armai,   2 a
Conbati m'en, si l'en chaçai.
Ne deüst pas mis oncles chiers
144 De moi croire ses losengiers;
Sovent en ai mon cuer irié.
Pensë il que n'en ait pechié?
Certes, oïl, n'i faudra mie,
148 Por Deu, le fiz sainte Marie.
   Dame, ore li dites errant
Qu'il face faire un feu ardant,
Et je m'en entrerai el ré;
152 Se ja un poil en ai bruslé
De la haire qu'avrai vestu,
Si me laist tot ardoir u feu;
Qar je sai bien n'a de sa cort
156 Qui a batalle o moi s'en tort.
Dame, por vostre grant franchise,
Donc ne vos en est pitié prise?
Dame, je vos en cri merci:
160 Tenez moi bien a mon ami;
Qant je vinc ça a lui par mer,
Com a seignor i vol torner.'
   'Par foi, sire, grant tort avez,
164 Qui de tel chose a moi parlez

138 a. M] adoul   139 pensif M   140 vif M   149 ore *not*
clear   156 a M] o   161–2 *Lacuna M*

Que de vos le mete a raison,
Et de s'ire face pardon;
Je ne vuel pas encor morir
168 Ne moi du tot en tot perir.
Il vos mescroit de moi forment,
Et j'en tendrai le parlement?
Donc seroie je trop hardie;
172 Par foi, Tristran, n'en ferai mie,
Ne vos nu me devez requerre;
Tote sui sole en ceste terre.
Il vos a fait chanbres veer
176 Por moi; s'il or m'en ot parler,   *2 b*
Bien me porroit tenir por fole;
Par foi, ja n'en dirai parole.
Et si vos dirai une rien,
180 Si vuel que vos le saciés bien:
Se il vos pardounot, beau sire,
Par Deu, son mautalent et s'ire,
J'en seroie joiose et lie.
184 S'or savoit ceste chevauchie,
Cel sai je bien que ja resort,
Tristran, n'avroit contre la mort.
Vois m'en . . . ne prendrai some:
188 Grant poor ai que aucun home
Ne nos ait ci veü venir.
S'un mot en puet li rois oïr
Que nos fuson ça asenblé,
192 Il me feroit ardoir en ré;
Ne seret pas mervelle grant.
Mis cors trenble, poor ai grant;
De la poor qui or me prent
196 Vois m'en, trop sui ci longuement.'
   Iseut s'en torne, il la rapele:

186 T., n'avreie c.m. *M* (*Jeanroy*). *Of* avroit contre *only the first
two letters are clear*   187 V. m'en, imais ne p. s. *M* (*Roques, Meylan*)
189 nos] vos *M*   194 grant] tant *M*

'Dame, por Deu, qui en pucele
Prist por le pueple umanité,
200   Conselliez moi par charité.
Bien sai n'i osez mais remaindre.
Fors a vos ne sai a qui plaindre;
Bien sai que molt me het li rois.
204   Engagiez est tot mon hernois;
Car le me faites delivrer,
Si m'en fuirai, n'i os ester.
Bien sai que j'ai si grant prooise,
208   Par tote terre ou fol adoise . . .
Bien sai que u monde n'a cort,
S'i vois, li sires ne m'avot.
Et se onques point du suen oi,   *2 c*
212   Yseut, par cest mien chief le bloi,
Nel se voudroit avoir pensé
Mes oncles, ainz un an passé,
Por si grant d'or com il est toz;
216   Ne vos en qier mentir deus moz.
Yseut, por Deu, de moi pensez,
Envers mon oste m'aquitez.'

       'Par Deu, Tristran, molt me mervel,
220   Qui me donez itel consel!
Vos m'alez porchaçant mon mal;
Icest consel n'est pas loial:
Vos savez bien la mescreance,
224   Ou soit a voir ou set enfance.
Par Deu, li sire glorios,
Qui forma ciel et terre et nos,
Se il en ot un mot parler
228   Que vos gages face aquiter,
Trop par seroit aperte chose;
Certes, je ne sui pas si osse,

208–9 *Lacuna of several lines, resulting in the corruption of the latter half of l.* 208 (*cf.* Eilhart, 3580 *ff.*); *M corrects* fol *to* sol   224 a v.] savoir *M*   225 li] le *M*   230 je ne *M*] se ie

Ne ce vos di por averté,
232   Ce saciés vos de verité.'
       Atant s'en est Iseut tornee,
       Tristran l'a plorant salüee.
       Sor le perron de marbre bis
236   Tristran s'apuie, ce m'est vis;
       Demente soi a lui tot sol:
       'Ha! Dex, beau sire saint Evrol,
       Je ne pensai faire tel perte,
240   Ne foïr m'en a tel poverte!
       N'en merré armes ne cheval
       Ne conpaignon fors Governal.
       Ha! [Dex,] d'ome desatorné!
244   Petit fait om de lui cherté!
       Qant je serai en autre terre,
       S'oi chevalier parler de gerre,   *2 d*
       Ge n'en oserai mot soner:
248   Hom nu n'a nul leu de parler.
       Or m'estovra sofrir fortune,
       Trop m'avra fait mal et rancune.
       Beaus onclès, poi me deconnut
252   Qui de ta feme me mescrut;
       Onques n'oi talent de tel rage.
       Petit savroit a mon corage

       . . . .
256   . . . .
       . . . .
       Li rois, qui sus [en l'arbr]e estoit,
       Out l'asenblee bien veüe
260   Et la raison tote entendue.
       De la pitié q'au cor li prist,
       Qu'il ne plorast ne s'en tenist
       Por nul avoir; molt a grant duel,

---

231 Ne *M*] Que   238 Evrol *M*] eutol   239 perte *M*] sainte
243 [Dex] *M* (*cf.* 238)   258 en l'arbr *not clear; corr. M*   263 m.
a] nistra, si a *M*

264   Molt het le nain de Tintaguel.
        'Las!' fait li rois, 'or ai veü
      Que li nains m'a trop deceü:
      En cest arbre me fist monter,
268   Il ne me pout plus ahonter;
      De mon nevo me fist entendre
      Mençonge, porqoi ferai pendre;
      Por ce me fist metre en aïr,
272   De ma mollier faire haïr;
      Ge l'en crui et si fis que fous.
      Li gerredon l'en sera sous:
      Se je le puis as poinz tenir,
276   Par feu ferai son cors fenir;
      Par moi avra plus dure fin
      Que ne fist faire Costentin
      A Segoçon, qu'il escolla
280   Qant o sa feme le trova.
      Il l'avoit coroné' a Rome,   *3 a*
      Et la servoient maint prodome;
      Il la tint chiere et honora;
284   En lié mesfist, puis en plora.'
      Tristran s'en ert pieça alez.
      Li rois de l'arbre est devalez;
      En son cuer dit or croit sa feme
288   Et mescroit les barons du reigne,
      Que li faisoient chose acroire
      Que il set bien que n'est pas voire
      Et qu'il a prové' a mençonge.
292   Or ne laira q'au nain ne donge
      O s'espee si sa merite
      Par lui n'iert mais traïson dite;
      Ne jamais jor ne mescroira
296   Tristran d'Iseut, ainz lor laira
      La chanbre tot a lor voloir:
      'Or puis je bien enfin savoir;

284 En lié] El li *M(Tobler)*

Se feüst voir, ceste asenblee
300 Ne feüst pas issi finee;
S'il s'amasent de fol' amor,
Ci avoient asez leisor,
Bien les veïse entrebaisier;
304 Ges ai oï si gramoier.
  Or sai je bien n'en ont corage.
Porqoi cro je si fort outrage?
Ce poise moi, si m'en repent;
308 Molt est fous qui croit tote gent.
Bien deüse ainz avoir prové
De ces deus genz la verité
Que je eüse fol espoir.
312 Buen virent aprimier cest soir!
Au parlement ai tant apris
Jamais jor n'en serai pensis.
Par matinet sera paiez
316 Tristran o moi, s'avra congiez   *3 b*
D'estre a ma chanbre a son plesir;
Or est remés li suen fuïr(s),
Qu'il voloit faire le matin.'
320 Oiez du nain boçu Frocin:
Fors estoit, si gardoit en l'er,
Vit Orïent et Lucifer;
Des estoiles le cors savoit,
324 Les set planestres devisoit;
Il savoit bien que ert a estre:
Qant il oiet un enfant nestre,
Les poinz contot toz de sa vie.
328 Li nai[n]s Froci[n]s, plains de voisdie,
Molt se penout de cel deçoivre
Qui de l'ame le feroit soivre.
  As estoiles choisist l'asente,
332 De mautalent rogist et enfle;
Bien set li rois fort le menace,

<hr>

312 B.] Buer *M* 329 cel] ceus, ceu *M*

Ne laira pas qu'il nu desface.
Molt est li nain nerci et pales,
336 Molt tost s'en vet fuiant vers Gales.
Li rois vait molt le nain querant;
Nu puet trover, s(i) en a duel grant.
Yseut est en sa chanbre entree.
340 Brengain la vit descoloree;
Bien sout que ele avoit oï
Tel rien dont out le cuer marri,
Qui si muoit et palisoit:
344 . . . .
Ele respont: 'Bele magistre,
Bien doi(t) estre pensive et tristre;
Brengain, ne vos vel pas mentir:
348 Ne sai qui hui nos vout traïr,
Mais li rois Marc estoit en l'arbre,
Ou li perrons estait de marbre;
Je vi son onbre en la fontaine.
352 Dex me fist parler premeraine;   *3 c*
Onques de ce que je i quis
N'i out mot dit, ce vos plevis,
Mais mervellos conplaignement
356 Et mervellos gemissement.
Gel blasmé que il me mandot,
Et il autretant me priout
Que l'acordase a mon seignor,
360 Qui, a grant tort, ert a error
Vers lui de moi, et je li dis
Que grant folie avoit requis,
Que je a lui mais ne vendroie,
364 Ne ja au roi ne parleroie.
Ne sai que je plus racontasse;
Conp[l]ainz i out une grant masse.

344 *M(Paris) supplied* Se li demande ce que doit (*or* que avoit(?)
M). *Better* Demande li que el avoit (*cf.* 2104)   347 vuel *M*   350
e. *M*] estoit   362 r.] dequis (?)   364 au roi *M*] a toi

Onques li rois ne s'aperçut,
368   Ne mon estre ne desconnut;
Partie me sui du tripot.'
Quant l'ot Brengain, molt s'en esjot:
   'Iseut, ma dame, grant merci
372   Nos a Dex fait, qui ne menti,
Qant il vos a fait desevrer
Du parlement sanz plus outrer,
Que li rois n'a chose veüe
376   Qui ne puise estr'e[n] bien tenue;
Granz miracles vos a fait Dex,
Il est verais peres et tex
Qu'il n'a cure de faire mal
380   A ceus qui sont buen et loial.'
Tristran ravoit tot raconté
A Governal com out ouvré;
Qant conter l'ot, Deu en mercie
384   Que plus n'i out fait o s'amie.
Ne pout son nain trover li rois;
Dex! tant ert a Tristran sordois!
A sa chanbre li rois en vient;   *3 d*
388   Iseut le voit, qui molt le crient:
'Sire, por Deu, dont venez vos?
Avez besoin, qui venez sous?'
'Roïne, ainz vien a vos parler
392   Et une chose demander;
Si ne me celez pas le voir,
Qar la verté en vuel savoir.'
'Sire, onques jor ne vos menti;
396   Se la mort doi recevoir ci,
S'en dirai je le voir du tot,
Ja n'i avra menti d'un mot.'
'Dame, veïs puis mon nevo?'
400   'Sire, le voir vos en desno;

379 c. *M*] core   382 G.] son oncle, son mestre *M*   383
c. *M*] Got'

Ne croiras pas que voir en die,
Mais jel dirai sanz tricherie:
Gel vi et pus parlai a lui,
404 O ton nevo soz cel pin fui;
Or m'en oci, roi, se tu veus.
Certes, gel vi; ce est grant deus,
Qar tu penses que j'aim Tristrain
408 Par puterie et par anjen;
Si ai tel duel que moi n'en chaut
Se tu me fais prendre un mal saut.
Sire, merci a celle foiz!
412 Je t'ai voir dit; si ne m'en croiz,
Einz croiz parole [fole et] vaine;
Ma bone foi me fera saine.
Tristran tes niés vint soz cel pin,
416 Qui est laienz en cel jardin,
Si me manda qu'alasse a lui;
Ne me dist rien, mais je li dui
Anor faire [non] trop frarine:
420 Par lui sui je de vos roïne.
Certes, ne fusent li cuvert,
Qui vos dïent ce qui ja n'iert,   *4 a*
Volantiers li feïse anor.
424 Sire, jos tien por mon seignor,
Et il est vostre niés, ç'oi dire;
Por vos l'ai je tant amé, sire.
Mais li felon, li losengier,
428 Quil vuelent de cort esloignier,
Te font acroire la mençonge.
Tristran s'en vet; Dex lor en donge
Male vergoigne recevoir!
432 A ton nevo parlai ersoir;
Molt se conplaint com angoisos,

---

404 soz] sor   407 Tristran *M*   408 anjan *M*   413 [f. e] *M*
418 li dui *M*] dis lui   419 [non] *M*   421 c.] cuuent   422
iert] ert *M*   430 d.] doige, doinge *M*

Sire, que l'acordasse a vos.
Ge li dis ce qu'il s'en alast,
436 Nule foiz mais ne me mandast;
Qar je a lui mais ne vendroie,
Ne ja a vos n'en parleroie.
Sire, de rien ne mentirez!
440 Il n'i ot plus; se vos volez,
Ocïez moi, mes c'iert a tort.
Tristran s'en vet por le descort,
Bien sai que outre la mer passe;
444 Dist moi que l'ostel l'aquitasse;
Nel vol de rien nule aquiter
Ne longuement a lui parler.
　　Sire, or t'ai dit le voir sanz falle;
448 Se je te ment, le chief me talle.
Ce saciez, sire, sanz doutance,
Je li feïse l'aquitance,
Se je osase, volentiers;
452 Ne sol quatre besanz entiers
Ne li vol metre en s'aumosniere
Por ta mesnie noveliere.
Povre s'en vet;　Dex le conduie!
456 Par grant pechié li donez fuie.
Il n'ira ja en cel païs,　　　　　　　　　　　　**4 b**
Dex ne li soit verais amis.'
Li rois sout bien qu'el ot voir dit,
460 Les paroles totes oït.
Acole la, cent foiz la besse.
El plore, il dit qu'ele se tese;
Ja nes mescrerra mais nul jor
464 Por dit de nul losengeor;
Allent et viengent a lor buens.
Li avoirs Tristran ert mes suens,
Et li suens avoirs ert Tristran(s).
468 N'en crerra mais Corneualan(s).

Or dit li rois a la roïne
Conme le felon nain Frocine
Out anoncié le parlement
472   Et com el pin plus hautement
Le fist monter por eus voier
A lor asenblement, le soir.
'Sire, estïez vos donc el pin?'
476   'Oïl, dame, par saint Martin!
Onques n'i ot parole dite
Ge n'oïse, grant ne petite.
    Qant j'oï a Tristran retraire
480   La batalle que li fis faire,
Pitié en oi, petit falli
Que de l'arbre jus ne chaï.
Et quant je vos oï retraire
484   Le mal q'en mer li estut traire
De la serpent, dont le garistes,
Et les grans biens que li feïstes,
Et quant il vos requist quitance
488   De ses gages, si oi pesance—
Ne li vosistes aquiter,
Ne l'un de vos l'autre abiter—
Pitié m'en prist a l'arbre sus,
492   Souef m'en ris, si n'en fis plus.'   *4 c*
    'Sire, ce m'est molt buen forment:
Or savez bien certainement,
Molt avion bele loisor;
496   Se il m'amast de fole amor,
Asez en veïsiez senblant.
Ainz, par ma foi, ne tant ne quant
Ne veïstes qu'il m'aprismast
500   Ne mespreïst ne me baisast.
Bien senble ce chose certaine,
Ne m'amot pas d'amor vilaine.

470 C. *M*] Dame (*cf.* 472)   483 vos *M*] li (*cf.* 49–53, 69–80)
485 s.] plaie *M*   491 a] an *M*   500 Ne me preïst *M*(*Paris*)

Sire, s'or ne nos veïsiez,
504 Certes ne nos en creïssiez.'
'Par Deu, je non,' li rois respont;
' Brengain—que Dex anor te donst!—
Por mon nevo va a l'ostel;
508 Et se il dit ou un ou el
Ou n'i velle venir por toi,
Di je li mant qu'il vienge a moi.'
Brengain li dit: 'Sire, il me het;
512 Si est a grant tort, Dex le set;
Dit par moi est meslez o vos,
La mort me veut tot a estros.
G'irai; por vos le laisera
516 Bien tost que ne me tochera.
Sire, por Deu, acordez m'i,
Quant il sera venu ici.'
Oiez que dit la tricherresse!
520 Molt fist que bone lecherresse:
Lores gaboit a esscïent
Et se plaignoit de maltalent.
'Rois, por li vois,' ce dist Brengain,
524 'Acordez m'i, si ferez bien.'
Li rois respont: 'G'i metrai paine.
Va tost poroc et ça l'amaine.'
Yseut s'en rist, et li rois plus;
528 Brengain s'en ist les sauz par l'us.   *4 d*
Tristran estoit a la paroi,
Bien les oiet parler au roi.
Brengain a par les braz saisie,
532 Acole la, Deu en mercie
. . . .
D'estre o Yseut a son plaisir.
Brengain mist Tristran a raison:
536 'Sire, laienz en sa maison

504 nos *M*] nes; c.] creüsiez *M*   507 Por] *see above, p.* xii.
509 vuelle *M*   523 li] lui *M*   533 *M supplies* D'or en avant avra loisir

A li rois grant raison tenue
De toi et de ta chiere drue;
Pardoné t'a son mautalent,
540   Or het ceus que te vont meslant.
Proïe m'a que vienge a toi;
Ge ai dit que ire as vers moi.
Fai grant senblant de toi proier,
544   N'i venir mie de legier.
Se li rois fait de moi proiere,
Fai par senblant mauvese chiere.'
Tristran l'acole, si la beise,
548   Liez est que ore ra son esse.
A la chanbre painte s'en vont,
La ou li rois et Yseut sont.
    Tristran est en la chanbre entrez.
552   'Niés,' fait li rois, 'avant venez;
Ton mautalent quite a Brengain,
Et je te pardorrai le mien.'
'Oncle, chiers sire, or m'entendez:
556   Legirement vos defendez
Vers moi, qui ce m'avez mis sure,
Dont li mien cor el ventre pleure,
Si grant desroi, tel felonie!
560   Dannez seroie et el honie;
Ainz nu pensames, Dex le set.
Or savez bien que cil vos het
Qui te fait croire tel mervelle.
564   D'or en avant meux te conselle;   *5 a*
Ne portë ire a la roïne
N'a moi, qui sui de vostre orine.'
'Non ferai je, beaus niés, par foi.'
568   Acordez est Tristran au roi.
    Li rois li a doné congié
D'estre a la chanbre; es le vos lié!

547 l'a.] ala cole *with first a expuncted*   555 Oncle *M*] Onche(?)
557 sure *corrected by scribe from* sus

C

Tristran vait a la chanbre et vient,
572 Nule cure li rois n'en tient.
Ha! Dex, qui puet amor tenir
Un an ou deus sanz descovrir?
Car amors ne se puet celer:
576 Sovent cline l'un vers son per,
Sovent vienent a parlement,
Et a celé et voiant gent;
Par tot ne püent aise atendre,
580 Maint parlement lor estuet prendre.
  A la cort avoit trois barons,
Ainz ne veïstes plus felons;
Par soirement s'estoient pris
584 Que, se li rois de son païs
N'en faisot son nevo partir,
Il nu voudroient mais soufrir,
A lor chasteaus sus s'en trairoient
588 Et au roi Marc gerre feroient.
Qar, en un gardin, soz une ente,
Virent l'autrier Yseut la gente
Ovoc Tristran en tel endroit
592 Que nus hon consentir ne doit;
Et plusors foiz les ont veüz
El lit roi Marc gesir toz nus.
Quar, quant li rois en vet el bois,
596 Et Tristran dit: 'Sire, g'en vois',
Puis se remaint, entre en la chanbre,
Iluec grant piece sont ensenble.
'Nos li diromes nos meïmes;   5 b
600 Alon au ro et si li dimes,
Ou il nos aint ou il nos hast,
Nos volon son nevo en chast.'
Tuit ensemble ont ce cons[el pr]is.
604 Li roi Marc ont a raison mis,
A une part ont le roi trait:

591 tel or cel   603 Corr. M. (cf. 637, 1403)   604 Li] Le M

'Sire,' font il, 'malement vet:
Tes niés s'entraiment et Yseut,
608   Savoir le puet qui c'onques veut;
Et nos nu volon mais sofrir.'
Li rois l'entent, fist un sospir,
Son chief abesse vers la terre,
612   Ne set qu'il die, sovent erre.
'Rois,' ce dïent li troi felon,
'Par foi, mais nu consentiron;
Qar bien savon de verité
616   Que tu consenz lor cruauté,
Et tu sez bien ceste mervelle.
Q'en feras tu? Or t'en conselle!
Se ton nevo n'ostes de cort
620   Si que [il] jamais ne retort,
Ne nos tenron a vos jamez,
Si ne vos tendron nule pez;
De nos voisins feron partir
624   De cort, que nel poon soufrir.
Or t'aron tost cest geu parti;
Tote ta volenté nos di.'
    'Seignor, vos estes mi fael.
628   Si m'aït Dex, molt me mervel
Que mes niés ma vergonde ait quise;
Mais servi m'a d'estrange guise.
Conseliez m'en, gel vos requier;
632   Vos me devez bien consellier,
Que servise perdre ne vuel.
Vos savez bien, n'ai son d'orguel.'   *5 c*
'Sire, or mandez le nain devin;
636   Certes, il set de maint latin,
Si en soit ja li consel pris;

---

609 endormir (*expuncted*) *after* mais, *and* sofrir *in margin* 610
f. *M*] fus   620 Si que j. nen i r. *M*   621 Ne *M*] Nos 624
nel *M*] nes   629 ma v. ait] meuergonde*r*oit *with* r *crossed out and* o
converted into a *by the scribe*

Mandez le nain, puis soit asis.'
Et il i est molt tost venuz;
640   Dehez ait il conme boçuz!
Li un des barons l'en acole,
Li rois li mostre sa parole.
Ha! or oiez qel traïson
644   Et confaite seducion,
A dit au roi cil nain Frocin!
Dehé aient tuit cil devin!
Qui porpensa tel felonie
648   Con fist cist nain, qui Dex maudie?
       'Di ton nevo q'au roi Artur,
A Carduel, qui est clos de mur,
Covienge qu'il aut par matin;
652   Un brief escrit an parchemin
Port a Artur toz les galoz,
Bien seelé, a cire aclox.
Rois, Tristran gist devant ton lit;
656   Anevoies, en ceste nuit,
Sai que voudra a lui parler,
Por Deu, que devra la aler.
Rois, de la chanbre is a prinsome;
660   Deu te jur et la loi de Rome,
Se Tristran l'aime folement,
A lui vendra a parlement;
Et s'il i vient, et ge nul sai,
664   Se tu nu voiz, si me desfai;
Et tuit si homë autrement,
Prové seront sanz soirement.
Rois, or m'en laise covenir
668   Et a ma volenté sortir,
Et se li çole l'envoier   5 d
Desi qu'a l'ore du cochier.'

645 F. *M*] frociz   651 aut *M*] alle   652 b. *M*] deus (*cf.* 686)
657 lui] li *M*   658 Deu] ceu *M*   662 lui] li *M*   663 i] n'i *M*
665 si h. a.] ti home outreement *M*(*Paris*)

Li rois respont: 'Amis, c'ert fait.'
672 Departent soi, chascun s'en vait.
   Molt fu li nain de grant voidie,
Molt par fist rede felonie.
Cil en entra chiés un pestor,
676 Quatre derees prist de flor,
Puis la lia a son gueron.
Qui pensast mais tel traïson?
   La nuit, quant ot li rois mengié,
680 Par la sale furent couchié;
Tristran ala le roi couchier.
'Beaus niés,' fait il, 'je vos requier,
Ma volenté faites, gel vuel:
684 Au roi Artus, jusqu'a Carduel,
Vos covendra a chevauchier;
Cel brief li faites desploier.
Niés, de ma part le salüez,
688 O lui c'un jor ne sejornez.'
Du mesage ot Tristran parler,
Au roi respont de lui porter:
'Rois, ge irai bien par matin.'
692 'O vos, ainz que la nuit ait fin.'
Tristran fu mis en grant esfroi.
Entre son lit et cel au roi
Avoit bien le lonc d'une lance.
696 Trop out Tristran fole atenance:
En son cuer dist qu'il parleroit
A la roïne, s'il pooit,
Qant ses oncles ert endormiz.
700 Dex! quel pechié! trop ert hardiz!
   Li nains la nuit en la chanbre ert;
Oiez conment cele nuit sert:
Entre deus liez la flor respant,   *6 a*
704 Que li pas allent paraisant,

687 s. *M*] saluer   688 s. *M*] seiorner   697–8 En son cuer dist
quil parleret A la roine parleroit Al aiorner se il pooit. *Corr. M*

Se l'un a l'autre la nuit vient;
La flor la forme des pas tient.

Tristran vit le nain besuchier
708 Et la farine esparpellier;
Porpensa soi que ce devoit,
Qar si servir pas ne soloit.

Pus dist: 'Bien tost a ceste place
712 Espandroit flor por nostre trace
Veer, se l'un a l'autre iroit.

Qui iroit or, que fous feroit;
Bien verra mais se or i vois.'

716 Le jor devant, Tristran, el bois,
En la janbe nafrez estoit
D'un grant sengler, molt se doloit.

La plaie molt avoit saignié;
720 Deslïez ert, par son pechié.

Tristran ne dormoit pas, ce quit;
Et li rois live a mie nuit,
Fors de la chanbre en est issuz;
724 O lui ala li nain boçuz.

Dedenz la chanbre n'out clartez,
Cirge ne lanpë alumez.

Tristran se fu sus piez levez.
728 Dex! porqoi fist? Or escoutez!
Les piez a joinz, esme, si saut,
El lit le roi chaï de haut.

Sa plaie escrive, forment saine;
732 Le sanc qui(en)n ist les dras ensaigne.

La plaie saigne; ne la sent,
Qar trop a son delit entent.

En plusors leus li sanc aüne.
736 Li nains defors est; a la lune
Bien vit josté erent ensenble

Li dui amant; de joie en trenble,
Et dist au roi: 'Se nes puez prendre
740   Ensenble, va, si me fai pendre.'
        Iluec fure[n]t li troi felon
        Par qui fu ceste traïson
        Porpensee priveement.
744   Li rois s'en vient; Tristran l'entent,
        Live du lit, tot esfroïz,
        Errant s'en rest molt tost salliz.
        Au tresallir que Tristran fait,
748   Li sans decent—malement vait—
        De la plaie sor la farine.
        Ha! Dex, qel duel que la roïne
        N'avot les dras du lit ostez!
752   Ne fust la nuit nus d'eus provez;
        Se ele s'en fust apensee,
        Molt eüst bien s'anor tensee.
        Molt grant miracle Deus i out,
756   Qui(e)s garanti, si con li plot.
        Li ros a sa chanbre revient;
        Li nain, que la chandele tient,
        Vient avoc lui.   Tristran faisoit
760   Senblant conme se il dormoit,
        Quar il ronfloit forment du nes.
        Seus en la chanbre fu remés,
        Fors tant que a ses piés gesoit
764   Pirinis, qui ne s'esmovoit;
        Et la roïne a son lit jut.
        Sor la flor, chauz, li sanc parut.
        Li rois choisi el lit le sanc;
768   Vermel en fure[n]t li drap blanc,
        Et sor la flor en pert la trace
        Du saut. Li rois Tristran menace.
        Li troi baron sont en la chanbre,

755 Deus] Deu *M(Gauchat)*   763 g. *M*] gegoit   765 a] an
M(Jeanroy)   771-2 *Lacuna M*

772 Tristran par ire a son lit prenent.
     Cuelli l'orent cil en haïne,   6 c
     Por sa prooise, et la roïne;
     Laidisent la, molt la menacent;
776 Ne lairont justise n'en facent,
     Voient la janbe qui li saine.
     ' Trop par a ci veraie enseigne;
     Provez estes,' ce dist li rois,
780 'Vostre escondit n'i vaut un pois.
     Certes, Tristran, demain, ce quit,
     Soiez certains d'estre destruit.'
     Il li crie: 'Sire, merci!
784 Por Deu, qui pasion soufri;
     Sire, de nos pitié vos prenge!'
     Li fel dïent: 'Sire, or te venge.'
     'Beaus oncles, de moi ne me chaut;
788 Bien sai, venuz sui a mon saut.
     Ne fust por vos acorocier,
     Cist plez fust ja venduz molt chier;
     Ja, por lor eulz, ne le pensasent
792 Que ja de lor mains m'atochasent;
     Mais envers vos n'en ai je rien.
     Or, tort a mal ou tort a bien,
     De moi ferez vostre plesir,
796 Et je sui prest de vos soufrir;
     Sire, por Deu, de la roïne
     Aiez pitié!'—Tristran l'encline—
     'Qar il n'a home en ta meson,
800 Se disoit ceste traïson
     Que pris eüse drüerie
     O la roïne par folie,
     Ne m'en trovast en chanp, armé.
804 Sire, merci de li, por Dé!'

772 a] an M(*Jeanroy*). *Corr.* Tristran pensent a son lit prendre(?);
for the rhyme, cf. 331   775 la . . . la] le . . . le M   788 mon] mau
M   789 a corocier M   791 por] sor M(*Jeanroy*)

Li troi qui a la chanbre sont
Tristran ont pris et lïé l'ont,
Et lïee ront la roïne;
808   Molt est torné a grant haïne.
Ja, se Tristran ice seüst   *6 d*
Que escondire nul leüst,
Mex se laisast vif depecier
812   Que lui ne lïé soufrist lïer.
Mais en Deu tant fort se fiot
Que bien savoit et bien quidoit,
S'a escondit peüst venir,
816   Nus n'en osast armes saisir
Encontre lui, lever ne prendre;
Bien se quidoit par chanp defendre.
Por ce ne vout il vers le roi
820   Mesfaire soi por nul desroi;
Qar, s'il seüst ce que en fut
Et ce qui avenir lor dut,
Il les eüst tüez toz trois,
824   Ja ne les en gardast li rois.
Ha! Dex, po[r]qoi ne les ocist?
A mellor plait asez venist.
    Li criz live par la cité
828   Q'endui sont ensenble trové
Tristran et la roïne Iseut,
Et que li rois destruire eus veut.
Pleurent li grant et li petit,
832   Sovent l'un d'eus a l'autre dit:
'A! las, tant avon a plorer!
Ahi! Tristran, tant par es ber!
Qel damage qu'e[n] traïson
836   Vos ont fait prendre cil gloton!
Ha! roïne franche, honoree,
En qel terre sera(s) mais nee

805 a] an *M*   819 ne se uout uers, ne vout envers *M*   820
por] par *M*

Fille de roi qui ton cors valle?
840   Ha! nains, ç'a fait ta devinalle!
Ja ne voie Deu en la face,
Qui trovera le nain en place,
Qi nu ferra d'un glaive el cors!
844   Ahi! Tristran, si grant dolors
Sera de vos, beaus chiers amis,   7 a
Qant si seroiz a destroit mis!
Ha! las, quel duel de vostre mort!
848   Qant le Morhout prist ja ci port,
Qui ça venoit por nos enfanz,
Nos barons fist si tos[t] taisanz
Que onques n'ot un si hardi
852   Qui s'en osast armer vers lui.
Vos enpreïstes la batalle
Por nos trestoz de Cornoualle
Et oceïstes le Morhout.
856   Il vos navra d'un javelot,
Sire, dont tu deüs morir.
Ja ne devrion consentir
Que vostre cors fust ci destruit.'
860   Live la noisë et li bruit;
Tuit en corent droit au palés,
Li rois fu molt fel et engrés;
N'i ot baron tant fort ne fier
864   Qui ost le roi mot araisnier
Qu'i[l] li pardonast cel mesfait.
Or vient li jor, la nuit s'en vait.
Li rois conmande espines querre
868   Et une fosse faire en terre.
Li rois, tranchanz de main tenant,
Par tot fait querre les sarmenz,
Et assenbler o les espines
872   Aubes et noires o racines.

846 si s. M] ceseroit   857–8 Interverted in MS. Corr. M   867 q.
M] quiert   869 Li r., t., demaintenant M

Ja estoit bien prime de jor.
Li banz crïerent par l'enor,
Que tuit en allent a la cort;
876 Cil qui plus puet plus tost acort.
Asenblé sont Corneualeis.
Grant fu la noise et li tibois;
N'i a celui ne face duel,
880 Fors que li nains de Tintajol. 7 b

    Li rois lor a dit et monstré
Qu'il veut faire dedenz un ré
Ardoir son nevo et sa feme.
884 Tuit s'escrïent la gent du reigne:
'Rois, trop ferïez lai pechié,
S'il n'estoient primes jugié;
Puis les destrui; sire, merci!'
888 Li rois par ire respondi:
'Par cel seignor qui fist le mont,
Totes les choses qui i sont,
Por estre moi desherité
892 Ne lairoie nes arde en ré;
Se j'en sui araisnié jamais,
Laisiez m'en tot ester en pais.'
Le feu conmande a alumer
896 Et son nevo a amener;
Ardoir le veut premierement.
Or vont por lui, li rois l'atent.

    Lors l'en ameinent par les mains;
900 Par Deu, trop firent que vilains!
Tant ploroit, mais rien ne li monte,
Fors l'en ameinent a grant honte.
Yseut plore, par poi n'enrage.
904 'Tristran,' fait ele, 'quel damage
Qu'a si grant honte estes lïez!
Qui m'oceïst, si garisiez,

Ce fust grant joie, beaus amis;
908   Encor en fust vengement pris.'
         Oez, seignors, de Damledé,
         Conment il est plains de pité;
         Ne vieat pas mort de pecheor:
912   Receü out le cri, le plor
         Que faisoient la povre gent
         Por ceus qui eirent a torment.
         Sor la voie par ont il vont,   7 c
916   Une chapele sor un mont
         U coin d'une roche est asise;
         Sor mer ert faite, devers bise.
         La part que l'en claime chancel
920   Fu asise sor un moncel ;
         Outre n'out rien fors la faloise.
         Cil mont est plain de pierre atoise;
         S'uns escureus de lui sausist,
924   Si fust il mort, ja n'en garist.
         En la dube out une verrine,
         Que un sainz i fist, porperine.
         Tristran ses meneors apele:
928   'Seignors, vez ci une chapele;
         Por Deu, quar m'i laisiez entrer.
         Pres est mes termes de finer;
         Precrai Deu qu'il merci ait
932   De moi, quar trop li ai forfait.
         Seignors, n'i a que ceste entree;
         A chascun voi tenir s'espee.
         Vos savez bien, ne pus issir,
936   Par vos m'en estuet revertir;
         Et quant je Dé proié avrai,
         A vos eisinc lors revendrai.'
         Or l'a l'un d'eus dit a son per:
940   'Bien le poon laisier aler.'

916 sor] et sor, est sor *M*   921 falise *M*   922 a.] aaise, alise
M   938 e.] ici *M*

Les lians sachent, il entre enz;
Tristran ne vait pas conme lenz;
Triés l'autel vi[n]t a la fenestre,
944   A soi l'en traist a sa main destre.
Par l'overture s'en saut hors;
Mex veut sallir que ja ses cors
Soit ars, voiant tel aünee.
948   Seignors, une grant pierre lee
Out u mileu de cel rochier;
Tristran i saut molt de legier.   *7 d*
Li vens le fiert entre les dras,
952   Quil defent qu'il ne chie a tas—
Encor claiment Corneualan
Cele pierre le Saut Tristran—
    La chapele ert plaine de pueple.
956   Tristran saut sus; l'araine ert moble.
Toz a genoz sont en l'iglise;
Cil l'atendent defors l'iglise,
Mais por noient; Tristran s'en vet,
960   Bele merci Dex li a fait!
La riviere granz sauz s'en fuit,
Molt par ot bien le feu qui bruit;
N'a corage que il retort,
964   Ne puet plus corre que il cort.
    Mais or oiez de Governal:
Espee çainte, sor cheval,
De la cité s'en est issuz;
968   Bien set, se il fust conseüz,
Li rois l'arsist por son seignor;
Fuiant s'en vait por la poor.
Molt ot li mestre Tristran chier,
972   Qant il son brant ne vout laisier,
Ançois le prist la ou estoit;
Avoc le suen l'en aportoit.

---

943 la *with a* above the line   957 sont en ligliglise, chiet en la
glise *M*   974 l'en a. *M*] la ou estoit (*cf.* 1010)

Tristran son mestrë aperceut,

976 Ahucha le, bien le connut;

Et il i est venuz a hait.

Qant il le vit, grant joie en fait.

'Maistre, ja m'a Dex fait merci;

980 Eschapé sui, et or sui ci.

Ha! las, dolent, et moi que chaut?

Qant n'ai Yseut, rien ne me vaut,

Dolent, le saut que orainz fis;

984 Que dut ice que ne m'ocis?

Ce me peüst estre molt tart!   8 a

Eschapé sui! Yseut, l'en t'art!

Certes, por noient eschapai:

988 En l'art por moi, por li morrai.'

    Dist Governal: 'Por Deu, beau sire,

Confortez vos, n'acuelliez ire.

Veez ci un espés buison,

992 Clos a fossé tot environ;

Sire, meton nos la dedenz.

Par ci trespasse maintes genz;

Asez orras d'Iseut novele.

996 Et se en l'art, jamais an cele

Ne montez vos, se vos briment

N'en prenez enprés vengement!

Vos en avrez molt bone aïe.

1000 Ja, par Jesu, le fiz Marie,

Ne gerrai mais dedenz maison

Tresque li troi felon larron,

Par quoi (e)st destruite Yseut ta drue,

1004 En avront la mort receüe.

S'or estïez, beau sire, ocis,

Que vengement n'en fust ainz pris,

Jamais nul jor n'avroie joie.'

1008 Tristran respont: 'Trop vos anoie:

---

975 Tristrans *M*   981 que *M*] qui   983 le] el *M*   997 Ne
m. *M*] Nencontrez   998 e.] aspre *M*

     Beau mestre, n'ai point de m'espee.'
     'Si as, que je l'ai aportee.'
     Dist Tristran: 'Maistre, donc est bien;
1012   Or ne criem, fors Deu, imais rien.'
     'Encor ai je soz ma gonele
     Tel rien qui vos ert bone et bele:
     Un hauberjon fort et legier,
1016   Qui vos porra avoir mestier.'
     'Dex!' dist Tristran, 'balliez le moi.
     Par icel Deu en qui je croi,
     Mex vuel estre tot depeciez—
1020   Se je a tens i vien, au rez,   *8 b*
     Ainz que getee i soit m'amie—
     Ceus qui la tienent n'en ocie(nt).'
     Governal dist: 'Ne te haster!
1024   Tel chose te puet Dex doner
     Que te porras molt mex venger;
     N'i avras pas tel destorbier
     Con tu porroies or avoir.
1028   N'i voi or point de ton pooir,
     Quar vers toi est iriez li rois.
     Avoé sont tuit li borjois
     Et trestuit cil de la cité:
1032   Sor lor eulz a toz conmandé
     Que cil qui ainz te porra prendre,
     S'il ne te prent, fera le pendre.
     Chascun aime mex soi que toi:
1036   Se l'en levout sor toi le hui,
     Tex te voudroit bien delivrer,
     Ne l'oseret neis porpenser.'
     Plore Tristran, molt fait grant duel;
1040   Ja, por toz ceus de Tintajol,
     S'en le deüst tot depecier,

1019 depecié *M*   1020 ré *M*   1030 Avoé *corr. Tanquerey*]
Auoc, Avocques *M*(*Acher*)   1035 que toi] qu'autrui *M*   1036
Se l'en] *M reads* Selea *and corrects to* Se ja   1039 fait *M*] sait.

Qu'il n'en tenist piece a sa per,
Ne laisast il qu'il n'i alast,
1044   Se son mestre ne li veiast.
    En la chanbrë un mes acort,
Qui dist Yseut qu'ele ne plort,
Que ses amis est eschapez.
1048   'Dex,' fait elë, 'en ait bien grez!
Or ne me chaut se il m'ocïent
Ou il me lïent ou deslïent.'
Si l'avoit fait lïer li rois,
1052   Par le conmandement as trois,
Qu'il li out si les poinz estroiz
Li sanc li est par toz les doiz.
'Par Deu!' fait el, 'se je mes jor . . .   8 c
1056   Qant li felon losengeor,
Qui garder durent mon ami,
L'ont deperdu, la Deu merci,
Ne me devroit l'on mes proisier.
1060   Bien sai que li nains losengier
Et li felons, li plain d'envie,
Par qui consel j'ere perie,
En avront encor lor deserte;
1064   Torner lor puise a male perte!'
    Seignor, au roi vient la novele
Q'eschapez est par la chapele
Ses niés, qui il devoit ardoir.
1068   De mautalent en devint noir,
De duel ne set con se contienge;
Par ire rove qu(e) Yseut vienge.
Yseut est de la sale issue;
1072   La noise live par la rue.
Qant la dame lïee virent—
A laidor ert—molt s'esfroï(e)rent.
Qui ot le duel qu'il font por li,
1076   Com il crïent a Deu merci!

1055-6 *Lacuna M*

'Ha! roïne franche, honoree,
Qel duel ont mis en la contree
Par qui ceste novele est sorse!
1080   Certes, en asez poi de borse
En porront metre le gaain;
Avoir en puisent mal mehain!'
    Amenee fu la roïne
1084   Jusquë au ré ardant d'espine.
Dinas, li sire de Dinan,
Qui a mervelle amoit Tristran,
Se lait choier au pié le roi.
1088   'Sire,' fait il, 'entent a moi:
Je t'ai servi molt longuement,
Sanz vilanie, loiaument: **8 d**
Ja n'avras home en tot cest reigne,
1092   Povre orfelin ne vielle feme,
Qui por vostre seneschaucie,
Que j'ai eü tote ma vie,
Me donast une beauveisine.
1096   Sire, merci de la roïne!
Vos la volez sanz jugement
Ardoir en feu; ce n'est pas gent,
Qar cest mesfait ne connoist pas;
1100   Duel ert, se tu le suen cors ars.
    Sire, Tristran est eschapez;
Les plains, les bois, les pas, les guez
Set forment bien, et molt est fiers.
1104   Vos estes oncle et il tes niés;
A vos ne mesferoit il mie.
Mais vos barons, en sa ballie
S'il les trovout, nes vilonast,
1108   Encor en ert ta terre en gast.
Sire, certes, ne quier noier,
Qui avroit sol un escuier

D

Por moi destruit ne a feu mis,

1112   Se iere roi de set païs,
Ses me metroit il en balence
Ainz que n'en fust prise venjance.
Pensez que de si franche feme,

1116   Qu'il amena de lointain reigne,
Que lui ne poist s'ele est destruite?
Ainz en avra ancor grant luite.

Rois, rent la moi, par la merite

1120   Que servi t'ai tote ma vite.'
Li troi par qui cest' ovre sort
Sont devenu taisant et sort;
Qar bien sevent Tristran s'en vet,

1124   Molt grant dote ont qu'il nes aget.
Li rois prist par la main Dinas,   *9 a*
Par ire a juré saint Thomas
Ne laira n'en face justise

1128   Et qu'en ce fu ne soit la mise.
Dinas l'entent, molt a grant duel,
Ce poise li ; ja par son vuel
Nen iert destruite la roïne.

1132   En piez se live o chiere encline:
'Rois, je m'en vois jusqu'a Dinan.
Par cel seignor qui fist Adan,
Je ne la verroïë ardoir

1136   Por tot l'or ne por tot l'avoir
C'onques ourent li plus riche home
Qui furent des le bruit de Rome.'
Puis mon⁺e el destrier, si s'en torne,

1140   Chiere encline, marriz et morne.
Iseut fu au feu amenee;
De gent fu tote avironee,
Qui trestuit braient et tuit crïent,

1111 a] an *M*   1116 l. r. *M*] lohierreigne   1128 qu'en *M*]
quant; soit *M*] sont   1135 Je] Ja *M*; v. j'ardoir *M*(*Mussafia*)
1138 b. *M*(*Paris*)] fruit

1144   Les traïtors le roi maudïent.
        L'eve li file aval le vis;
        En un bliaut de paile bis
        Estoit la dame estroit vestue
1148   Et d'un fil d'or menu cosue;
        Si chevel hurtent a ses piez,
        D'un filet d'or les ot trechiez.
        Qui voit son cors et sa fachon,
1152   Trop par avroit le cuer felon
        Qui n'en avroit de lié pitié;
        Molt sont li braz estroit lïé.
            Un malade out en Lancïen,
1156   Par non fu apelé Ivein;
        A mervelle par fu desfait.
        Acoru fu voier cel plait;
        Bien out o lui cent conpaignons
1160   O lor puioz, o lor bastons;   *9 b*
        Ainz ne veïstes tant si lait
        Ne si boçu ne si desfait.
        Chascun tenoit sa tartarie;
1164   Crïent au roi a voiz serie:
        'Sire, tu veus faire justise,
        Ta feme ardoir en ceste gise.
        Granz est; mes se je ainz rien soi,
1168   Ceste justise durra poi:
        Molt l'avra tost cil grant feu arse
        Et la poudre cist venz esparse;
        Cest feu charra, en ceste brese
1172   Ceste justise ert tost remese.
        Tel justise de li ferez;
        Mais, se vos croire me volez . . .
        Et que voudroit mex mort avoir,
1176   Qu'ele vivroit, et sanz valoir,
        Et que nus n'en orroit parler

1164 *Lacuna M*   1167 r. *M*] nen   1171 b. *M*] prise
1174-5 *Lacuna M*   1175 que *M*] qui

Qui plus ne t'en tenist por ber.
Rois, voudroies le faire issi?'
1180   Li rois l'entent, si respondi:
'Se tu m'enseignes cest, sanz falle,
Qu'ele vivë et que ne valle,
G[r]é t'en savra[i], ce saches bien;
1184   Et se tu veus, si pren du mien.
Onques ne fu dit tel maniere,
Tant dolerose ne tant fire,
Qui orendroit tote la pire
1188   Seüst, por Deu le roi, eslire,
Que il n'eüst m'amor tot tens.'
Iv(i)ains respont: 'Si con je pens
Je te dirai, asez briment:
1192   Veez, j'ai ci conpaigno[n]s cent;
Yseut nos done, s'ert conmune;
Paior fin dame n'ot mais une.
Sire, en nos a si grant ardor   9 c
1196   Soz ciel n'a dame qui un jor
Peüst soufrir nostre convers;
Li drap nos sont au cors aers.
O toi soloit estre a honor,
1200   O vair, o gris et o baudor;
Les buens vin[s] i avoit apris
Es granz soliers de marbre bis.
Se la donez a nos meseaus,
1204   Qant el verra nos bas bordeaus
Et eslira l'escouellier
Et l'estovra a nos couchier,
Sire, en leu de tes beaus mengiers
1208   Avra de pieces, de quartiers
Que l'en nos envoi' a ces hus;
Por cel seignor qui maint lasus,

1183 *Corr.* M   1187 o. M(*Paris*)] ensauroit   1198 cors
M(*Michel*)] drap   1202 Es g. s. M(*Paris*)] Et gran/ solaz   1205
escüellier M   1209 ces hus] ces hues, cel hues M

Qant or verra la nostre cort,
1212 Adonc verra si desconfort,
Donc voudroit miex morir que vivre,
Donc savra bien Yseut la givre
Que malement avra ovré;
1216 Mex voudroit estre arse en un ré.'
    Li rois l'entent, en piez estut,
Ne de grant pice ne se mut.
Bien entendi que dit Ivain,
1220 Cort a Yseut, prist l'a la main.
Ele crie: 'Sire, merci!
Ainz que m'i doignes, art moi ci.'
Li rois li done, et cil la prent.
1224 Des malades i ot bien cent,
Qui s'aünent tot entor li.
Qui ot le brait, qui ot le cri,
A tote genz en prent pitiez.
1228 Qui q'en ait duel, Yvains est liez.
Vait s'en Yseut, Yvains l'en meine
Tot droit aval par sus l'araine.
Des autres meseaus li conplot—
1232 N'i a celui n'ait son puiot—
Tot droit vont vers l'enbuschement
Ou ert Tristran, qui les atent.
A haute voiz Governal crie:
1236 'Filz, que feras? Ves ci t'amie.'
'Dex!' dist Tristran, 'quel aventure!
Ahi! Yseut, bele figure,
Con deüstes por moi morir
1240 Et je redui por vos perir!
Tel gent vos tienent entre mains,
De ce soient il toz certains,
Se il n'os laisent en present,
1244 Tel i ara ferai dolent.'

9 d

1212 uerrez; si] son M   1227 g.] gent M   1241 mains *written above* amis (*deleted*)

Fiert le destrier, du buison saut,
A qant qu'il puet s'escrie en haut:
'Ivain, asez l'avez menee;
1248   Laisiez la tost, qu'a cest' espee
Ne vos face le chief voler.'
Ivain s'aqeut a desfubler,
En haut s'escrie: 'Or as puioz!
1252   Or i parra qui ert des noz.'
Qui ces meseaus veïst soffler,
Oster chapes et desfubler!
Chascun li crolle sa potence,
1256   Li uns menace et l'autre tence.
Tristran n'en vost rien atochier
Ne entester ne laidengier.
Governal est venuz au cri,
1260   En sa main tint un vert jarri
Et fiert Yvain, qui Yseut tient;
Li sans li chiet, au pié li vie[n]t.
Bien aïde a Tristran son mestre,
1264   Yseut saisist par la main destre.
Li contor dïent que Yvain   *10 a*
Firent nïer, qui sont vilain;
N'en sevent mie bien l'estoire,
1268   Berox l'a mex en sen memoire:
Trop ert Tristran preuz et cortois
A ocirre gent de tes lois.
Tristran s'en voit a la roïne;
1272   Lasent le plain, et la gaudine
S'en vet Tristra[n] et Governal.
Yseut s'esjot, or ne sent mal.
En la forest de Morrois sont,
1276   La nuit jurent desor un mont;
Or est Tristran si a seür
Con s'il fust en chastel o mur.
En Tristran out molt buen archier,

1257 vost *M*] ost   1265 Li conteor d. qu'Y. *M*

1280 Molt se sout bien de l'arc aidier.
   Governal en ot un toloit
   A un forestier, quil tenoit,
   Et deus seetes enpene[e]s,
1284 Barbelees, ot l'en menees.
    Tristran prist l'arc, par le bois vait,
   Vit un chevrel, ancoche et trait,
   El costé destre fiert forment;
1288 Brait, saut en haut et jus decent;
   Tristran l'a pris, atot s'en vient.
   Sa loge fait; au b[ra]nt qu'il tient,
   Les rains trenche, fait la fullie;
1292 Yseut l'a bien espés jonchie.
   Tristran s'asist o la roïne.
   Governal sot de la cuisine,
   De seche busche fait buen feu.
1296 Molt avoient a faire queu!
   Il n'avoient ne lait ne sel
   A cele foiz a lor ostel.
   La roïne ert forment lassee
1300 Por la poor qu'el ot passee;   *10 b*
   Somel li prist, dormir se vot,
   Sor son ami dormir se vot.
    Seignors, eisi font longuement
1304 En la forest parfondement,
   Longuement sont en cel desert.
   Oiez du nain com au roi sert:
   Un consel sot li nai[n]s du roi,
1308 Ne sot que il; par grant desroi
   Le descovri; il fist que beste,
   Qar puis an prist li rois la teste.
   Li na[i]n ert ivres, li baron
1312 Un jor le mistrent a raison
   Que ce devoit que tant parloient,

 1282 *M reads* qu'il 1287 fiert *M*] sont 1301 se vot] l'estuet *M*
1302 vot] veut *M* 1303 f.] sont *M*

Il et li rois, et conselloient.
'A celer bien un suen consel
1316 Molt m'a trové toz jors feel;
Bien voi que le volez oïr,
Et je ne vuel ma foi mentir.
Mais je merrai les trois de vos
1320 Devant le Gué Aventuros;
Et iluec a une aube espine,
Une fosse a soz la racine;
Mon chief porai dedenz boter
1324 Et vos m'orrez defors parler.
Ce que dirai, c'ert du segroi
Dont je sui vers le roi par soi.'
    Li baron vienent a l'espine,
1328 Devant eus vient li nains Frocine.
Li nains fu cort, la teste ot grose;
Delivrement out fait la fosse;
Jusq'as espaules l'i ont mis.
1332 'Or escoutez, seignor marchis!
Espine, a vos, non a vasal:
Marc a orelles de cheval.'
Bien ont oï le nain parler.   *10 c*
1336 S'en vint un jor, aprés disner,
Parlout a ses barons roi Marc,
En sa main tint d'auborc un arc.
Atant i sont venu li troi
1340 A qui li nains dist le secroi,
Au roi dïent priveement:
'Rois, nos savon ton celement.'
Li rois s'en rist et dist: 'Ce mal,
1344 Que j'ai orelles de cheval,
M'est avenu par cest devin;
Certes, ja ert fait de lui fin.'
Traist l'espee, le chief en prent.

1318 foi *M*] soi   1325 du *M*] de   1326 soi] foi *M* (*Paris*)
1330 *M reads* ont (*cf.* 1322).   1336 S'avint *M* (*Paris*)

1348 Molt en fu bel a mainte gent,
Que haoient le nain Frocine
Por Tristran et por la roïne.
    Seignors, molt avez bien oï
1352 Conment Tristran avoit salli
Tot contreval, par le rochier,
Et Governal sor le destrier
S'en fu issuz, quar il cremoit
1356 Qu'il fust ars, se Marc le tenoit.
Or sont ensenble en la forest,
Tristran de veneison les pest.
Longuement sont en cel boschage;
1360 La ou la nuit ont herberjage,
Si s'en t[r]estornent au matin.
En l'ermitage frere Ogrin
Vindrent un jor, par aventure.
1364 Aspre vie meine[n]t et dure;
Tant s'entraiment de bone amor,
L'un por l'autre ne sent dolor.
    Li hermite Tristran connut;
1368 Sor sa potence apoié fu;
Aresne le, oiez conment:
'Sire Tristran, grant soirement   *10 d*
A l'en juré par Cornoualle,
1372 Qui vos rendroit au roi, sanz falle
Cent mars avroit a gerredon.
En ceste terre n'a baron,
Au roi ne l'ait plevi en main,
1376 Vos rendre a lui o mort ou sain.'
Ogrins li dit molt bonement:
'Par foi! Tristran, qui se repent,
Deu du pechié li fait pardon,
1380 Par foi et par confession.'
    Tristran li dit: 'Sire, par foi,

1354 sor le d. *M*] sot letertrier (*cf.* 966 *ff.*)   1356–7 *Lacuna M*
1379–80 *Interverted in M*

Que ele m'aime en bone foi,
Vos n'entendez pas la raison:
1384   Q'el m'aime, c'est par la poison.
Ge ne me pus de lié partir,
N'ele de moi, n'en quier mentir.'
Ogrins li dist: 'Et quel confort
1388   Puet on doner a home mort?
Assez est mort qui longuement
Gist en pechié, s'il ne repent;
Doner ne puet nus penitance
1392   A pecheor sanz repentance.'
     L'ermite Ogrins molt les sarmone,
Du repentir consel lor done.
Li hermites sovent lor dit
1396   Les profecies de l'escrit,
Et molt lor amentoit sovent
L'ermite lor delu[n]gement.
A Tristran dist par grant desroi:
1400   'Que feras tu? Conselle toi.'
'Sire, j'am Yseut a mervelle,
Si que n'en dor ne ne somelle;
De tot an est li consel pris:
1404   Mex aim o li estre mendis   *11 a*
Et vivre d'erbes et de glan
Q'avoir le reigne au roi Otran.
De lié laisier parler ne ruis,
1408   Certes, quar faire ne le puis.'
     Iseut au pié l'ermite plore,
Mainte color mue en poi d'ore,
Molt li crie merci sovent:
1412   'Sire, por Deu omnipotent,
Il ne m'aime pas, ne je lui,
Fors par un herbé dont je bui,
Et il en but; ce fu pechiez.

1386 N'ele *M*] Bele   1392 sanz r. *M(Michel)*] souz penitance
1403 De] Du *M*; an est *M*] auoit (*cf.* 2380, 3696, 3731)

1416   Por ce nos a li rois chaciez.'
        Li hermites tost li respont:
        'Diva! cil Dex qui fist le mont,
        Il vos donst voire repentance!'
1420   Et saciez de voir, sanz dotance,
        Cele nuit jurent chiés l'ermite;
        Por eus esforça molt sa vite.
        Au matinet s'en part Tristrans;
1424   Au bois se tient, let les plains chans.
        Li pain lor faut, ce est grant deus.
        De cers, de biches, de chevreus
        Ocist asez par le boscage.
1428   La ou prenent lor herbergage,
        Font lor cuisine et lor beau feu,
        Sol une nuit sont en un leu.
            Seignors, oiez con por Tristran
1432   Out fait li rois crïer son ban—
        En Cornoualle n'a parroise
        Ou la novele n'en angoise—
        Que, qui porroit Tristran trover,
1436   Qu'il en feïst le cri lever.
            Qui veut oïr une aventure,
        Con grant chose a a[n] noreture,
        Si m'escoute un sol petitet!
1440   Parler m'orez d'un buen brachet,   *11 b*
        Qens ne rois n'out tel berseret;
        Il ert isneaus et toz tens prez,
        Quar il ert bauz, isneaus, non lenz,
1444   Et si avoit a non Husdanz.
        Lïez estoit en un landon.
        Li chiens gardoit par le donjon;
        Qar mis estoit a grant freor,
1448   Qant il ne voiet son seignor.

1420 Et] Ce *M*   1424 let *M*] lez (*cf.* 3012)   1441 berserez *M*
1443 b. *M*] beaus; i.] legiers *M*   1444 husganz, Husdenz *M*
(*cf.* 1475)   1447 a] an *M*

Ne vout mengier ne pain ne past
Ne nule rien q'en li donast;
Guignout et si feroit du pié,

1452   Des uiz lermant. Dex! qel pitié
Faisoit a mainte gent li chiens!
Chascun disoit: 'S'il estoit miens,
Gel metroie du landon fors;

1456   Quar, s'il enrage, ce ert deus.
Ahi! Husdent, ja tex brachetz
N'ert mais trové, qui tant set prez
Ne tel duel face por seignor;

1460   Beste ne fu de tel amor.
Salemon dit que droituriers
Que ses amis, c'ert ses levriers.
A vos le poo[n] nos prover:

1464   Vos ne volez de rien goster,
Pus que vostre sire fu pris.
Rois, quar soit fors du landon mis!'
Li rois a dit, a son corage—

1468   Por son seignor croit qu'il enrage—
'Certes, molt a li chiens grant sens:
Je ne quit mais q'en nostre tens,
En la terre de Cornoualle,

1472   Ait chevalier qui Tristran valle.'
   De Cornoualle baron troi
En ont araisoné li roi:
'Sire, quar deslïez Husdant!   *11 c*

1476   Si verron bien certainement
Se il meine ceste dolor
Por la pitié de son seignor;
Quar ja si tost n'ert deslïez

1480   Q'il ne morde, s'est enragiez,
Ou autre rien ou beste ou gent;
S'avra la langue overte au vent.'
   Li rois apele un escuier

1451 Grignout *M*   **1474** li] le *M*

1484   Por Husdan faire deslïer.
Sor bans, sor seles puient haut,
Quar li chien criement de prin saut.
Tuit disoient: 'Husdent enrage.'
1488   De tot ce n'avoit il corage.
Tantost com il fu deslïez,
Par mié les renz cort, esvelliez,
Que onques n'i demora plus.
1492   De la sale s'en ist par l'us,
Vint a l'ostel ou il soloit
Trover Tristran; li rois le voit,
Et li autre qui aprés vont.
1496   Li chiens escrie, sovent gront,
Molt par demeine grant dolor.
Encontré a de son seignor:
Onques Tristran ne fist un pas,
1500   Qant il fu pris, qu'il dut estre ars,
Que li brachez nen aut aprés;
Et dit chascun de venir mes.
Husdant an la chanbrë est mis
1504   O Tristran fu traït et (a)pris,
Si part, fait saut et voiz clarele,
Criant s'en vet vers la chapele;
Li pueple vait aprés le chien.
1508   Ainz, puis qu'il fu fors du lïen,
Ne fina, si fu au moutier
Fondé en haut sor le rochier.   *11 d*
Husdent li bauz, qui ne voit lenz,
1512   Par l'us en la chapele entre enz,
Saut sor l'autel, ne vit son mestre,
Fors s'en issi par la fenestre.
Aval la roche est avalez,
1516   En la janbe s'est esgenez,

1486 li] le *M* ; crieut, criment *M* (*cf.* 3190)   1503 anla *or* ama (?)
1505–6 *Interverted in MS and M*   1505 Si] Li ; La part fait saut
et voiz, cha rele *M*   1511 b. *M*] blans

A terre met le nes, si crie.
A la silve du bois florie,
Ou Tristran fist l'enbuschement,
1520   Un petit s'arestut Husdent;
Fors s'en issi, par le bois vet.
Nus ne le voit qui pitié n'ait.
Au roi dïent li chevalier:
1524   'Laison a seurre cest tra(a)llier:
En tel leu nos porroit mener
D[o]nt griés scroit le retorner.'
          Laisent le chien, tornent arire.
1528   Husdent aqeut une chariere,
De la rote molt s'esbaudist;
Du cri au chien li bois tenti[st].
Tristran estoit el bois aval
1532   O la reïne et Governal;
La noise oient, Tristran l'entent.
'Par foi,' fait il, 'je oi Husdent.'
Trop se criement, sont esfroï.
1536   Tristran saut sus, son arc tendi.
En un' espoise aval s'en traient;
Crime ont du roi, si s'en esmaie[nt],
Dïent qu'il vient o le brachet.
1540   Ne demora c'un petitet
Li brachet, qui la rote sut.
Quant son seignor vit et connut,
Le chief hoque, la queue crole;
1544   Qui voit con de joie se molle   *12 a*
Dire puet qu(e) ainz ne vit tel joie.
A Yseut a la crine bloie
Acort, et pus a Governal;
1548   Toz fait joie, nis au cheval.
Du chien out Tristran grant pitié.

1524 t.] trachier *M* (*cf. Tanquerey, p.* 121)   1535 e. *M*] en esfroi
1543 Le c. la q. la que role, Le c. la q. h. et c. *M*, Le c. drece la q.
c. *Paris*   1544 con de ioes, conme des ioès *M*(*Acher*)

'Ha! Dex,' fait il, 'par quel pechié
Nos a cist berseret seü?
1552 Chien qi en bois ne se tient mu
N'a mestier a home bani.
El bois somes, du roi haï;
Par plain, par bois, par tote terre,
1556 Dame, nos fait li rois Marc quere;
S'il nos trovout ne pooit prendre,
Il nos feroit ardoir ou pendre.
Nos n'avon nul mestier de chien.
1560 Une chose sachiez vos bien:
Se Husdens avé nos remaint,
Poor nos fera et duel maint;
Asez est mex qu'il soit ocis
1564 Que nos soion par son cri pris.
Et poise m'en, por sa franchise,
Que il la mort a ici quise.
Grant nature li faisoit fere;
1568 Mais conment m'en pus je retraire?
Certes, ce poise moi molt fort
Que je li doie doner mort.
Or m'en aidiez a consellier;
1572 De nos garder avon mestier.'
Yseut li dist: 'Sire, merci!
Li chiens sa b[e]ste p[re]nt au cri,
Que par nature, que par us.
1576 J'oï ja dire qu(e) uns seüs
Avoit un forestier galois,
Puis que Artus en fu fait rois,
Que il avoit si afaitié:
1580 Qant il avoit son cerf sagnié   *12 b*
De la seete berserece,
Puis ne fuïst par cele trace
Que li chiens ne suïst le saut;

1552 C. *M*] Et chien   1553 b. *M*] hai   1576 qu'un *M*
1582 t.] adrece *M(Paris)*

1584
Por crïer n'en tornast le faut
Ne ja n'atainsist tant sa beste
Ja criast ne feïst moleste.
Amis Tristran, grant joie fust,

1588
Por metre peine qui peüst
Faire Hudent le cri laisier,
Sa beste ataindrë et chacier.'
Tristran s'estut et escouta.

1592
Pitié l'en prist; un poi pensa,
Puis dist itant: 'Se je pooie
Husdent par paine metre en voie
Que il laisast cri por silence,

1596
Molt l'avroie a grant reverence.
Et a ce metrai je ma paine
Ainz que ja past ceste semaine.
Pesera moi se je l'oci,

1600
Et je criem molt du chien le cri;
Quar je porroie en tel leu estre,
O vos ou Governal mon mestre,
Se il criout, feroit nos prendre.

1604
Or vuel peine metre et entendre
A beste prendre sanz crïer,'
Or voit Tristran en bois berser.
Afaitiez fu, a un dain trait;

1608
Li sans en chiet, li brachet brait,
Li dains navrez s'en fuit le saut,
Husdent li bauz en crie en haut;
Li bois du cri au chien resone.

1612
Tristran le fiert, grant cop li done;
Li chien a son seignor s'areste,
Lait le crïer, gerpist la beste;   *12 c*
Haut l'esgarde, ne set qu'il face,

1616
N'ose crïer, gerpist la trace.
Tristran le chien desoz lui bote,

1584 n'estonast le gaut M   1586 Ja] Que M   1598 ja M]ie
1601 tel or cel(?)   1606 entrer (*expuncted*) between bois and berser

O l'estortore bat la rote;
Et Husdent en revot crïer;
1620 Tristran l'aqeut a doutriner.

Ainz que li premier mois pasast,
Fu si le chien dontez u gast
Que sanz crïer suiet sa trace;
1624 Sor noif, sor herbe ne sor glace
N'ira sa beste ja laschant,
Tant n'iert isnele et remuant.

Or lor a grant mestier li chiens,
1628 A mervelles lor fait grans biens.
S'il prent el bois chevrel ne dai[n]s,
Bien l'enbusche, cuevre de rains;
Et s'il enmi lande l'ataint,
1632 Com il s'avient en i prent maint,
De l'erbe gete asez desor,
Arire torne a son seignor,
La le maine ou sa beste a prise.
1636 Molt sont li chien de grant servise!

Seignors, molt fu el bois Tristrans,
Molt i out paines et ahans.
En un leu n'ose remanoir;
1640 Dont lieve au main ne gist au soir:
Bien set que li rois le fait querre
Et que li banz est en sa terre
Por lui prendre, quil troveroit.
1644 Molt sont el bois del pain destroit,
De char vivent, el ne mengüent.
Que püent il, se color müent?
Lor dras ronpent, rains les decirent;
1648 Longuement par Morrois fuïrent.   *12 d*
Chascun d'eus soffre paine elgal,
Qar l'un por l'autre ne sent mal:

1626 et *M*] ne   1629 dain *M*   1630 rain *M*   1631 *This line is repeated after* 1632 *but deleted*   1642 banz *M*] bois   1643 p. *M*] pendre   1650 ne s.] resent *M*

E

Grant poor a Yseut la gente
1652   Tristran por lié ne se repente;
        Et a Tristran repoise fort
        Que Yseut a por lui descort,
        Qu'el repente de la folie.
1656   Un de ces trois que Dex maudie,
        Par qui il furent descovert,
        Oiez conment par un jor sert!
        Riches hom ert et de grand bruit,
1660   Li chiens amoit par son deduit.
        De Cornoualle du païs
        De Morrois ere[n]t si eschis
        Qu'il n'i osout un sol entrer.
1664   Bien lor faisoit a redouter;
        Qar, se Tristran les peüst prendre,
        Il les feïst as arbres pendre;
        Bien devoient donques laisier.
1668   Un jor estoit o son destrier
        Governal sol a un doitil
        Qui decendoit d'un fontenil.
        Au cheval out osté la sele;
1672   De l'erbete paisoit novele.
            Tristran gesoit en sa fullie,
        Estroitement ot enbrachie
        La roïne, por qu'il estoit
1676   Mis en tel paine, en tel destroit;
        Endormi erent amedoi.
        Governal ert en un esquoi,
        Oï les chiens par aventure;
1680   Le cerf chacent grant aleüre;
        C'ere[n]t li chien a un des trois
        Por qui consel estoit li rois
        Meslez ensenble la roïne.   13 a
1684   Li chien chacent, li cerf ravine.

1654-5 *Lacuna* M   1655 el] il   1660 Les c. a. por son d. M
1661 du p.] li naïf M   1662 eschif M   1682 Por] Par M

Governal vi[n]t une charire
En une lande; luin arire
Vit cel venir que il bien set
1688 Que ses sires onques plus het,
Tot solement sanz escuier.
Des esperons a son destrier
A tant doné que il escache,
1692 Sovent el col fiert o sa mache;
Li chevaus ceste sor un marbre.
Governal s'acoste a un arbre,
Enbuschiez est, celui atent
1696 Qui trop vient tost et fuira lent.
    Nus retorner ne puet fortune:
Ne se gaitoit de la rancune
Que il avoit a Tristran fait.
1700 Cil qui desoz l'arbre s'estait
Vit le venir, hardi l'atent;
Dit mex veut estre mis au vent
Que il de lui n'ait la venjance;
1704 Qar par lui et par sa faisance
Durent il estre tuit destruit.
Li chien li cerf sivent, qui fuit;
Li vasaus aprés les chiens vait.
1708 Governal saut de sen agait;
Du mal que cil ot fait li menbre,
A s'espee tot le desmenbre,
Li chief en prent, atot s'en vet.
1712 Li veneor, qui l'ont parfait,
Sivoient le cerf esmeü;
De lor seignor virent le bu,
Sanz la teste, soz l'arbre jus.
1716 Qui plus tost cort, cil s'en fuit plus;
Bien quident ce ait fait Tristran
Dont li rois fist faire le ban.   *13 b*

1693 sor un m. M(Paris)] soz un arbre   1698 la r. M] lauenture
1706 li] le M   1711 Li] Le M

Par Cornoualle ont a[n]tendu
1720   L'un des trois a le chief perdu
Qui meslot Tristran o le roi.
Poor en ont tuit et esfroi,
Puis ont en pes le bois laisié;
1724   N'out pus el bois sovent chacié.
Des cel' ore qu(e) u bois entroit,
Fust por chacier, chascuns dotoit
Que Tristran li preuz l'encontrast:
1728   Crient fu u plain et pus u gast.
Tristran se jut a la fullie;
Chau tens faisoit, si fu jonchie.
Endormiz est, ne savoit mie
1732   Que cil eüst perdu la vie
Par qui il dut mort recevoir;
Liez ert, quant en savra le voir.

   Governal a la loge vient,
1736   La teste au mort a sa main tient;
A la forche de sa ramee
L'a cil par les cheveus nouee.
Tristran s'esvelle, vit la teste,
1740   Saut esfreez, sor piez s'areste.
A haute voiz crie son mestre:
'Ne vos movez, seürs puez estre:
A ceste espee l'ai ocis;
1744   Saciez, cist ert vostre anemis.'
Liez est Tristran de ce qu'il ot:
Cil est ocis qu'il plus dotot.

   Poor ont tuit par la contree;
1748   La forest est si esfree[e]
Que nus n'i ose ester dedenz;
Or ont le bois a lor talent.
La ou il ere[n]t en cel gaut,

1725 qu'eu *M*   1726 F. por c. *M(Paris)*] Fu puis chacie   1728
pus] plus *M*; g. *M*] gaut   1729 a] an *M*   1737 sa] la *M*   1750
talenz *M*

1752 Trova Tristran l'arc Qui ne faut.
      En tel maniere el bois le fist   *13 c*
      Riens ne trove qu'il n'oceïst;
      Se par le bois vait cerf ne dai[n]s,
1756 Se il atouchë a ces rains
      Ou cil arc est mis et tenduz,
      Se haut hurte, haut est feruz,
      Et se il hurte a l'arc an bas,
1760 Bas est feruz eneslepas.
      Tristran, par droit et par raison,
      Qant ot fait l'arc, li mist cel non;
      Molt a buen non l'arc, qui ne faut
1764 Riens qui l'en fire, bas ne haut;
      Et molt lor out pus grant mestier,
      De maint grant cerf lor fist mengier.
      Mestier ert que la sauvagine
1768 Lor aïdast en la gaudine;
      Qar falliz lor estoit li pains,
      N'il n'osoient issir as plains;
      Longuement fu en tel dechaz.
1772 Mervelles fu de buen porchaz:
      De venoison ont grant plenté.
      Seignor, ce fu un jor d'esté,
      En icel tens que l'en aoste,
1776 Un poi aprés la Pentecoste.
          Par un matin, a la rousee,
      Li oisel chantent l'ainzjornee;
      Tristran de la loge ou il gist,
1780 Çaint s'espee, tot sol s'en ist,
      L'arc Qui ne faut vet regarder,
      Parmi le bois ala berser.
      Ainz qu'il venist, fu en tel paine;
1784 Fu ainz mais gent tant eüst paine?

1764 qu'il ne fire *M* (*cf.* 1756)   1767 M. ert que *M*(*Paris*)] Mais-
tierres est de (*cf.* 4103)   1783 *Lacuna M* (*cf.* 1798–9)   1785 le
M] se

Mais l'un por l'autre ne le sent,
Bien orent lor aaisement.
Ainz, puis le tens que el bois furent,
1788   Deus genz itant de tel ne burent;   *13 d*
Ne, si conme l'estoire dit,
L[a] ou Berox le vit escrit,
Nule gent tant ne s'entramerent
1792   Ne si griment nu conpererent.
          La roïne contre lui live,
Li chauz fu granz, qui molt les g[r]ive.
Tristran l'acole et il dit ce:
1796   ' . . . . '
'Amis, ou avez vos esté?'
'Aprés un cerf, qui m'a lassé;
Tant l'ai chacié que tot m'en duel.
1800   Somel m'est pris, dormir me vel.'
La loge fu de vers rains faite,
De leus en leus ot fuelle atraite,
Et par terre fu bien jonchie.
1804   Yseut fu premire couchie;
Tristran se couche et trait s'espee,
Entre les deus chars l'a posee.
Sa chemise out [Yseut] vestue —
1808   Se ele fust icel jor nue,
Mervelles lor fust meschoiet—
Et Tristran ses braies ravoit.
La roïne avoit en son doi
1812   L'anel d'or des noces le roi,
O esmeraudes planteïz.
Mervelles fu li doiz gresliz,
A poi que li aneaus n'en chiet.
1816   Oez com il se sont couchiez:
Desoz le col Tristran a mis

1796 *Line missing*   1800 vuel *M*   1807 [Yseut] *M(Michel)*
1812 n. *M]* con   1814 d. g. *M]* rois gentiz (*cf.* 2046)   1816
couchiet *M*

Son braz, et l'autre, ce m'est vis,
Li out par dedesus geté;
1820 Estroitement l'ot acolé,
Et il la rot de ses braz çainte;
Lor amistié ne fu pas fainte.

Les bouches furent pres asises,
1824 Et neporquant si ot devises   *14 a*
Que n'asenbloient pas ensenble.
Vent ne cort ne fuelle ne trenble;
Uns rais decent desor la face
1828 Yseut, que plus reluist que glace.
Eisi s'endorment li amant,
Ne pensent mal ne tant ne quant.
N'avoit qu(e) eus deus en cel païs;
1832 Quar Governal, ce m'est avis,
S'en ert alez o le destrier
Aval el bois au forestier.

Oez, seignors, quel aventure:
1836 Tant lor dut estre pesme et dure!
Par le bois vint uns forestiers,
Qui avoit trové lor fulliers
Ou il erent el bois geü;
1840 Tant a par le fuellier seü
Qu'il fu venuz a la ramee
Ou Tristran out fait s'aünee.
Vit les dormanz, bien les connut;
1844 Li sans li fuit, esmarriz fut.
Molt s'en vet tost, quar se doutoit;
Bien sot, se Tristran s'esvellot,
Que ja n'i metroit autre ostage,
1848 Fors la teste lairoit en gage.
Se il s'en fuit, n'est pas mervelle;

1827 uns r. M] ·i· rain (*cf.* 2034, 2041)   *Between* 1834 *and* 1835
a supernumerary line: en ot mene le bon destrier   1846 que (*ex-
puncted*) *between* sot *and* se

　　　　Du bois s'en ist, cort a mervelle.
　　　　Tristran avoc s'amie dort;
1852　　Par poi qu'il ne reçurent mort.
　　　　D'iluec endroit ou il dormoient,
　　　　Qui, deus bones liues estoient
　　　　La ou li rois tenet sa cort.
1856　　Li forestier grant erre acort,
　　　　Qar bien avoit oï le ban
　　　　Que l'en avoit fait de Tristran:　　　　　　　　*14 b*
　　　　Cil qui au roi en diroit voir
1860　　Asez aroit de son avoir.
　　　　Li forestier bien le savoit,
　　　　Por ce acort (il) a tel esploit.
　　　　Et li rois Marc en son palais
1864　　O ses barons tenoit ses plaiz;
　　　　Des barons ert plaine la sale.
　　　　Li forestier du mont avale
　　　　Et s'en est entré, molt vait tost.
1868　　Pensez que onc arester s'ost
　　　　Desi que il vi[n]t as degrez
　　　　De la sale? Sus est montez.
　　　　　Li rois le voit venir grant erre,
1872　　Son forestier apele en erre:
　　　　'Soiz noveles, qui si toz viens?
　　　　Ome senbles qui core a chiens,
　　　　Qui chast sa beste por ataindre.
1876　　Veus tu a cort de nullui plaindre?
　　　　Tu senbles hom(e) qui ait besoin,
　　　　Qui ça me soit tramis de loin.
　　　　Se tu veus rien, di ton mesage.
1880　　A toi nus hon veé son gage
　　　　Ou chacié vos de ma forest?'
　　　　'Escoute moi, roi, se toi plest,
　　　　Et si m'entent un sol petit:

1850 c. a *M*] nest pa　　1862 Por c'acort il a *M*　　1873 toz]
tost *M* (*cf.* 850)　　1877 home qu'ait *M*　　1879–80 *interverted.*
Corr. M　　1883 m'e. *M*] mescoute

1884
Par cest païs a l'on banit,
Qui ton nevo porroit trover,
Q'ançois s'osast laisier crever
Qu'il nu preïst, ou venist dire.

1888
Ge l'ai trové, s'en criem vostre ire:
Se gel t'ensein, dorras moi mort?
Je te merrai la ou il dort,
Et la roïne ensenble o lui;

1892
Gel vi, poi a, si con je quit;
Fermement erent endormi.
Grant poor oi, quant la les vi.'
Li rois l'entent, boufe et sospire,

14 c

1896
Esfreez est, forment s'aïre;
Au forestier dist et conselle
Priveement, dedenz l'orelle:
'En qel endroit sont il? Di moi!'

1900
'En une loge de Morroi
Dorment estroit et enbrachiez.
Vien tost, ja seron d'eus vengiez.
Rois, s'or n'en prens aspre venjance,

1904
N'as droit en terre, sanz doutance.'
Li rois li dist: 'Is t'en la fors.
Si chier conme tu as ton cors,
Ne dire a nul ce que tu sez,

1908
Tant soit estrange ne privez.
A la Croiz Roge, au chemin fors,
La on enfuet sovent les cors,
Ne te movoir, iluec m'atent.

1912
Tant te dorrai or et argent
Con tu voudras, je l'afi toi.'
Li forestier se part du roi,
A la Croiz vient, iluec s'asiet.

1916
Male gote les eulz li criet,
Qui tant voloit Tristran destruire!

1889 gel] nel *M*   1892 poie ensenble o lui, poi a la ou andui
M (*cf.* 123)   1901 e. et] estroitet *M*(*Jeanroy*)   1910-2
repeated between 1905 *and* 1906

Mex li venist son cors conduire,
Qar puis morut a si grant honte
1920 Con vos orrez avant el conte.
Li rois est en la chanbre entrez,
A soi manda toz ses privez,
Pus lor voia et defendi
1924 Qu'il ne soient ja si hardi
Qu'il allent aprés lui plain pas.   *14 d*
Chascun li dist: 'Rois, est ce gas,
A aler vos sous nule part?
1928 Ainz ne fu rois qui n'ait regart.
Qel novele avez vos oïe?
Ne vos movez por dit d'espie.'
Li rois respont: 'Ne sai novele,
1932 Mais mandé m'a une pucele
Que j'alle tost a lié parler;
Bien me mande n'i moigne per.
G'irai tot seus sor mon destrier,
1936 Ne merrai per ne escuier,
A ceste foiz irai sanz vos.'
Il responent: 'Ce poise nos.
Chatons conmanda a son filz
1940 A eschiver les leus soutiz.'
Il respont: 'Je le sai assez.
Laisiez moi faire auques mes sez.'
    Li rois a fait sa sele metre,
1944 S'espee çaint, sovent regrete
A lui tot sol la cuvertise
Que Tristran fist, quant il l'ot prisse
Yseut la bele o le cler vis,
1948 O qui s'en est alé fuitis.
S'il les trove, molt les menace,
Ne laira pas ne lor mesface.
Molt est li rois acoragiez

1935 sor *M*] sanz   1939 Chastons *with first* s *expuncted*   1945
la c. *M*] la cortoifise *with* s *expuncted*   1946 Tristrans *M*

1952 De destruire; c'es[t] granz pechiez.
De la cité s'en est issuz
Et dist mex veut estre penduz
Qu'il ne prenge de ceus venjance
1956 Que li ont fait tel avilance.
A la Croiz vint, ou cil l'atent,
Dist li qu'il aut isnelement
Et qu'il le meint la droite voie.
1960 El bois entrent, qui molt onbroie.   *15 a*
Devant le roi se met l'espie;
Li rois le sieut, qui bien s'i fie,
En l'espee que il a çainte,
1964 Dont a doné colee mainte.
Si fait il trop que sorquidez;
Quar, se Tristran fust esvelliez,
Li niés o l'oncle se meslast,
1968 Li uns morust, ainz ne finast.
Au forestier dist li roi Mars
Qu'il li dorroit d'argent vint mars,
Sel menoit tost a son forfet.
1972 Li forestier, qui vergonde ait,
Dist que pres sont de lor besoigne.
Du buen cheval, né de Gascoingne,
Fait l'espie le roi decendre,
1976 De l'autre part cort l'estrier prendre;
A la branche d'un vert pomier
La reigne lïent du destrier.
Poi vont avant, quant ont veü
1980 La loge por qu'il sont meü.
      Li rois deslace son mantel,
Dont a fin or sont li tasel;
Desfublez fu, molt out gent cors.
1984 Du fuerre trait l'espee fors,
Iriez s'en torne, sovent dit
Q'or veut morir s'il nes ocit.

L'espee nue, an la loge entre.
1988   Le forestier entre soventre,
Grant erre aprés le roi acort;
Li ros li çoine qu'il retort.
Li rois en haut le cop leva,
1992   Iré le fait, si se tresva;
Ja decendist li cop sor eus:
Ses oceïst, ce fust grant deus.
Qant vit qu'ele avoit sa chemise   *15 b*
1996   Et q'entre eus deus avoit devise,
La bouche o l'autre n'ert jostee,
Et qant il vit la nue espee
Qui entre eus deus les desevrot,
2000   Vit les braies que Tristran out:
   'Dex!' dist li rois, 'ce que puet estre?
Or ai veü tant de lor estre,
Dex! je ne sai que doie faire,
2004   Ou de l'ocire ou du retraire.
Ci so[n]t el bois, bien a lonc tens;
Bien puis croire, se je ai sens,
Se il s'amasent folement,
2008   Ja n'i eüsent vestement,
Entrë eus deus n'eüst espee,
Autrement fust cest' asenblee.
Corage avoie d'eus ocire;
2012   Nes tocherai, retrairai m'ire.
De fole amor corage n'ont.
N'en ferrai nul; endormi sont:
Se par moi eirent atouchié,
2016   Trop par feroie grant pechié;
Et se g'esvel cest endormi
Et il m'ocit ou j'oci lui,
Ce sera laide reparlance.
2020   Je lor ferai tel demostrance
Ançois que il s'esvelleront,

1999 deseuroit *with* i *expuncted*   2009 n'] n'i *M*   2021 A.]
Que ancois, Que puis *M* (*cf.* 2449)

Certainement savoir porront
Qu'il furent endormi trové
2024 Et q'en a eü d'eus pité,
Que je nes vuel noient ocire,
Ne moi ne gent de mon enpire.
Ge voi el doi a la reïne
2028 L'anel o pierre esmeraudine,
Or li donnai, molt par est buens;
Et g'en rai un qui refu suens: *15 c*
Osterai li le mien du doi.
2032 Uns g(r)anz de voirre ai je o moi,
Qu'el aporta o soi d'Irlande;
Le rai qui sor la face brande—
Qui, li fait chaut—en vuel covrir;
2036 Et quant vendra au departir,
Prendrai l'espee d'entre eus deus
Dont au Morhot fu le chief blos.'
    Li rois a deslïé les ganz,
2040 Vit ensemble les deus dormanz,
Le rai qui sor Yseut decent
Covre des ganz molt bonement.
L'anel du doi defors parut;
2044 Souef le traist, qu'il ne se mut.
Primes i entra il enviz;
Or avoit tant les doiz gresliz
Qu'il s'en issi sanz force fere;
2048 Molt l'en sot bien li rois fors traire.
L'espee qui entre eus deus est
Souef oste, la soue i met.
De la loge s'en issi fors,
2052 Vint au destrier, saut sor le dos;
Au forestier dist qu'il s'en fuie,
Son cors trestort, si s'en conduie.

2029 Or] Que *M*   2032 Uns ganz de vair rai je *M*   2034 Le
rai *M*] Li rois; b. *M*] branche *corrected by scribe to* blanche   2038
blos *with* l *written over* r *or* e; fu el chief tros *M*

Vet s'en li rois, dormant les let;
2056 A cele foiz n'i a plus fait.
Reperiez est a sa cité.
De plusorz parz out demandé
Ou a esté et ou tant fut.
2060 Li rois lor ment, pas n'i connut
Ou il ala ne que il quist
Ne de faisance que il fist.
Mais or oiez des endormiz,
2064 Que li rois out el bois gerpiz:
Avis estoit a la roïne   *15 d*
Qu'ele ert en une grant gaudine,
Dedenz un riche pavellon;
2068 A li venoient dui lion,
Qui la voloient devorer;
El lor voloit merci crïer,
Mais li lion, destroiz de fain,
2072 Chascun la prenoit par la main.
De l'esfroi que Iseut en a
Geta un cri, si s'esvella.
Li gant paré du blanc hermine
2076 Li sont choiet sor la poitrine.
Tristran, du cri qu'il ot, s'esvelle,
Tote la face avoit vermelle;
Esfreez s'est, saut sus ses piez,
2080 L'espee prent com home iriez,
Regarde el brant, l'osche ne voit;
Vit le pont d'or qui sus estoit,
Connut que c'est l'espee au roi.
2084 La roïne vit en son doi
L'anel que li avoit doné,
Le suen revit del dei osté.
Ele cria: 'Sire, merci!
2088 Li rois nos a trovez ici.'
Il li respont: 'Dame, c'est voirs.

2075 Li *M*] le

Or nos covient gerpir Morrois,
Qar molt li par somes mesfait.
2092 M'espee a, la soue me lait;
Bien nos peüst avoir ocis.'
'Sire, voire, ce m'est avis.'
'Bele, or n'i a fors du fuïr.
2096 Il nos laissa por nos traïr;
Seus ert, si est alé por gent,
Prendre nos quide, voirement.
      Dame, fuion nos en vers Gales.
2100 Li sanc me fuit.' Tot devient pales.   16 a
Atant es vos lor escuier,
Qui s'en venoit o le destrier;
Vit son seignor pales estoit,
2104 Demande li que il avoit.
'Par foi, mestre, Marc li gentis
Nos a trovez ci endormis;
S'espee lait, la moie en porte;
2108 Felonie criem qu'il anorte.
Du doi Yseut l'anel, le buen,
En a porté, si lait le suen;
Par cest change poon parçoivre,
2112 Mestre, que il nos veut deçoivre;
Quar il ert seus, si nos trova,
Poor li prist, si s'en torna.
Por gent s'en est alé arrire,
2116 Dont il a trop et baude et fire;
Ses amerra, destruire veut
Et moi et la roïne Yseut;
      Voiant le pueple, nos veut prendre,
2120 Faire ardoir et venter la cendre.
Fuion, n'avon que demorer.'
N'avet en eus que demorer.
S'il ont poor, n'en püent mais:
2124 Li rois sevent fel et engrés.

Torné s'en sont bone aleüre,
Li roi doutent, por l'aventure.
Morrois trespasent, si s'en vont,
2128 Grans jornees par poor font,
Droit vers Gales s'en sont alé.
Molt les avra amors pené:
Trois anz plainiers sofrirent peine,
2132 Lor char pali et devint vaine.

    Seignors, du vin de qoi il burent
Avez oï, por qoi il furent
En si grant paine lonctens mis;   *16 b*
2136 Mais ne savez, ce m'est avis,
A conbien fu determinez
Li lovendrins, li vin herbez:
La mere Yseut, qui le bolli,
2140 A trois anz d'amistié le fist.
Por Marc le fist et por sa fille;
Autre en pruva, qui s'en essille.
Tant con durerent li troi an,
2144 Out li vins si soupris Tristran
Et la roïne ensenble o lui
Que chascun disoit: 'Los m'en fui.'
    L'endemain de la saint Jehan
2148 Aconpli furent li troi an
Que cil vin fu determinez.
Tristran fu de son lit levez,
Iseut remest en sa fullie.
2152 Tristran, sachiez, une doitie
A un cerf traist, qu'il out visé,
Par les flans l'a outrebersé.
Fuit s'en li cerf, Tristran l'aqeut;
2156 Que soirs fu plains tant le porseut.
La ou il cort aprés la beste,
L'ore revient, et il s'areste,

2126 Li] Le *M*   2138 loucuendris, lovendrincs *M*   2139 bollit
M 2142 p. *M*] prima   2146 Las n'en sui *M*

Qu'il ot beü le lovendrant;
2160 A lui seus senpres se repent:
'Ha! Dex,' fait il, 'tant ai traval!
Trois anz a hui, que riens n'i fal,
Onques ne me falli pus paine
2164 Ne a foirié n'en sorsemaine.
Oublïé ai chevalerie,
A seure cort et baronie;
Ge sui essillié du païs,
2168 Tot m'est falli et vair et gris,
Ne sui a cort a chevaliers.
Dex! tant m'amast mes oncle(r)s chiers,   *16 c*
Se tant ne fuse a lui mesfez!
2172 Ha! Dex, tant foiblement me vet!
    Or deüse estre a cort a roi,
Et cent danzeaus avoques moi,
Qui servisent por armes prendre
2176 Et a moi lor servise rendre.
Aler deüse en autre(s) terre(s)
Soudoier et soudees querre(s).
Et poise moi de la roïne,
2180 Qui je doins loge por cortine;
En bois est, et si peüst estre
En beles chanbres, o son estre,
Portendues de dras de soie;
2184 Por moi a prise male voie.
A Deu, qui est sire du mont,
Cri ge merci, que il me donst
Itel corage que je lais
2188 A mon oncle sa feme en pais.
A Deu vo je que jel feroie
Molt volentiers, se je pooie,
Si que Yseut fust acordee
2192 O le roi Marc, qui'st esposee,

2171 ne f.] n'eüse *M*; mesfet *M*   2191 acorder   2192 qui'st
M] quest; esposer

F

Las! si qel virent maint riche ome,
Au fuer q'en dit la loi de Rome.'
    Tristran s'apuie sor son arc,
2196　Sovent regrete le roi Marc,
Son oncle, qui a fait tel tort,
Sa feme mise a tel descort.
Tristran au soir se dementot;
2200　Oiez d'Iseut con li estoit!
Sovent disoit: 'Lasse, dolente,
Porqoi eüstes vos jovente?
En bois estes com autre serve,
2204　Petit trovez qui ci vos serve.
Je sui roïne, mais le non　　　　　　　　*16 d*
En ai perdu par ma poison
Que nos beümes en la mer.
2208　Ce fist Brengain, qu'i dut garder.
Lasse! si male garde en fist!
El n'en pout mais, quar j'ai trop pris.
Les damoiseles des anors,
2212　Les filles as frans vavasors,
Deüse ensenble o moi tenir
En mes chanbres, por moi servir,
Et les deüse marïer
2216　Et as seignors por bien doner.
    Amis Tristran, en grant error
Nos mist qui le boivre d'amor
Nos aporta ensenble a boivre;
2220　Mex ne nos pout il pas deçoivre.'
Tristran li dist: 'Roïne gente,
En mal uson nostre jovente.
Bele amie, se je peüse,
2224　Par consel que je en eüse,
Faire au roi Marc acordement,

2196 sa (*expuncted*) *between* Sovent *and* regrete　　2206 ma]
la *M*　　2210 quar trop mesprist *M(Jeanroy)*　　2217 enor
(*expuncted*) *between* grant *and* error

Qu'il pardonnast son mautalent
Et qu'il preïst nostre escondit,
2228 C'onques nul jor, n'en fait n'en dit,
N'oi o vos point de drüerie
Qui li tornast a vilanie,
N'a chevalier en son roiaume,
2232 Ne de Lidan tresque en Dureaume,
S'il voloit dire que amor
Eüse o vos por deshonor,
Ne m'en trovast en chanp, armé.
2236 Et s'il avoit en volenté,
Quant vos avrïez deresnie,
Qu'il me soufrist de sa mesnie,
Gel serviroie a grant honor,
2240 Conme mon oncle et mon seignor;   17 a
N'avroit soudoier en sa terre
Qui miex le soufrist de sa gerre.
Et s'il estoit a son plesir
2244 Vos a prendre et moi de gerpir,
Qu'il n'eüst soin de mon servise,
Ge m'en iroie au roi de Frise,
Ou m'en passeroie en Bretaigne,
2248 O Governal, sanz plus conpaigne.
    Roïne franche, ou que je soie,
Vostre toz jorz me clameroie.
Ne vosise la departie,
2252 S'estre peüst la conpaignie,
Ne fust, bele, la grant soufraite
Que vos soufrez et avez faite
Toz dis, por moi, par desertine.
2256 Por moi perdez non de roïne,
Estre peüses a anor
En tes chanbres, o ton seignor,
Ne fust, dame, li vins herbez

2242 servist M   2249 Toine with t for r (which is still visible
in the margin)   2253 s. M] soufrance (cf. 2683)   2255 Tanz dis M

2260 Qui a la mer nos fu donnez.
   Yseut, franche, gente façon,
   Conselle moi que nos feron.'
   'Sire, Jesu soit graciez,
2264 Qant degerpir volez pechiez!
   Amis, menbre vos de l'ermite
   Ogrin, qui de la loi escrite
   Nos preecha et tant nos dist,
2268 Quant tornastes a son abit,
   Qui est el chief de cel boschage!
   Beaus amis douz, se ja corage
   Vos ert venuz de repentir,
2272 Or ne peüst mex avenir;
   Sire, corons a lui ariere.
   De ce sui tote fianciere:
   Consel nos doroit honorable,   *17 b*
2276 Par qoi a joie pardurable
   Porron ancore bien venir.'
   Tristran l'entent, fist un sospir
   Et dist: 'Roïne de parage,
2280 Tornon arire a l'ermitage;
   Encor enuit ou le matin,
   O le consel de maistre Ogrin,
   Manderon a nostre talent
2284 Par briés sanz autre mandement,'
   'Amis Tristran, molt dites bien.
   Au riche roi celestïen
   Puison andui crïer merci,
2288 Qu'il ait de nos, Tristran, ami!'
   Arrire tornent el boschage,
   Tant ont erré qu'a l'ermitage
   Vindrent ensenble li amant;
2292 L'ermite Ogrin trovent lisant.
   Qant il les vit, bel les apele;

2260 a] an *M* 2269 cel *M*] son 2276 a *M(Gauchat)*] la
2283 M. a] Mandon au roi *M(Paris)* 2284 brief *M*

Assis se sont en la chapele:
'Gent dechacie, a con grant paine
2296 Amors par force vos demeine!
Conbien dur[r]a vostre folie?
Trop avez mené ceste vie.
Et, queles, quar vos repentez!'
2300 Tristran li dist: 'Or escoutez:
Si longuement l'avon menee,
Itel fu nostre destinee;
Trois anz a bien, si que n'i falle,
2304 Onques ne nos falli travalle.
S'or poïons consel trover
De la roïne racorder,
Je ne querrai ja plus nul jor
2308 Estre o le roi Marc a seignor;
Ainz m'en iraiançois un mois
En Bretaigne ou en Loenois.   17 c
Et se mes oncles veut soufrir
2312 Moi a sa cort por lui servir,
Gel servirai si con je doi;
Sire, mon oncle est riche roi

. . . . . , ...
2316 Le mellor consel nos donnez,
Por Deu, sire, de ce qu'oez,
Et nos feron vos volentez.'
      Seignors, oiez de la roïne:
2320 As piez l'ermite chiet encline,
De lui proier point ne se faint
Qu'il les acort au roi, si plaint:
'Qar ja corage de folie
2324 Nen avrai je jor de ma vie.
Ge ne di pas, a vostre entente,
Que de Tristran jor me repente

2310 L. M] orlenois (cf. 2868)   2314 Si con m. o. et r. r. M(Paris)
2315 Line missing here rather than at 2318 as M assumes   2321 f.
M] saint   2322 si M] se   2324 je M] ia

Que je ne l'aim de bone amor

2328 Et com amis, sanz desanor;
De la comune de mon cors
Et je du suen somes tuit fors.'
L'ermites l'ot parler, si plore,

2332 De ce qu'il ot Deu en aoure:
'Ha! Dex, beaus rois omnipotent,
Graces, par mon buen cuer, vos rent,
Qui vivre tant m'avez laisiez

2336 Que ces deus genz de lor pechiez
A moi en vindrent consel prendre;
Granz grez vos en puise je rendre!
Ge jur ma creance et ma loi,

2340 Buen consel averez de moi.
Tristran, entent moi un petit—
Ci es venuz a mon habit—
Et vos, roïne, a ma parole

2344 Entendez, ne soiez pas fole.
    Qant home et feme font pechié,
S'anz se sont pris et sont quitié   *17 d*
Et s'aus vienent a penitance

2348 Et aient bone repentance,
Dex lor pardone lor mesfait,
Tant ne seroit oible et lait.
Tristran, roïne, or escoutez

2352 Un petitet, si m'entendez:
Por honte oster et mal covrir
Doit on un poi par bel mentir.
Qant vos consel m'avez requis,

2356 Gel vos dorrai sanz terme mis.
En parchemin prendrai un brief,
Saluz avra el premier chief;
A Lancïen le trametez,

2360 Le roi par bien salu mandez:

2328 ami *M*   2332 qu'il *M*] que li   2335 laisié *M*   2336
pechié *M*   2346 S'aus se *M(Paris)*.

En bois estes o la roïne,
Mais, s'il voloit de lui saisine
Et pardonast son mautalent,
2364   Vos ferïez por lui itant,
Vos en irïez a sa cort;
N'i avroit fort, sage ne lort,
S'il veut dire qu'e[n] vilanie
2368   Eüsiez prise drüerie,
Si vos face li rois Marc pendre,
Se vos ne vos poez defendre.

   Tristran, por ce t'os bien loer,
2372   Que ja n'i troveras ton per
Qui gage doinst encontre toi;
Icest consel te doin par foi.
Ce ne puet il metre en descort:
2376   Qant il vos vout liv[r]er a mort
Et en feu ardoir, par le nain—
Cortois le virent et vilain—
Il ne voloit escouter plait.
2380   Qant Dex vos an ot merci fait
Que d'iluec fustes eschapez,   *18 a*
Si com il est oï assez,
Que, se ne fust la Deu vigor,
2384   Destruit fusiez a deshonor—
Tel saut feïstes qu'il n'a home
De Costentin entresqu'a Rome,
Se il le voit, n'en ait hisdor—
2388   Iluec fuïstes par poor.
Vos rescosistes la roïne,
S'avez esté pus en gaudine.
De sa terre vos l'amenastes,
2392   Par mariage li donastes.
Tot ce fu fait, il le set bien;
Nocie fu a Lencïen.

2362 luil] li *M*   2377 par] por *M*   2380 an ot *M*] auoit (*cf.*
1403, 3696, 3731)   2391 vos *M*] pus

   Mal vos estoit lié a fallir,

2396 O lié vosistes mex fuïr.

   S'il veut prendre vostre escondit,

   Si qel verront grant et petit,

   Vos li offrez a sa cort faire.

2400 Et se lui venoit a viaire,

   Qant vos serez de lui loiaus

   Au loement de vos vasaus,

   Preïst sa feme la cortoise.

2404 Et, se savez que lui n'en poise,

   O lui serez ses soudoiers,

   Servirez le molt volentiers;

   Et s'il ne veut vostre servise,

2408 Vos passerez la mer de Frise,

   Iroiz servir un autre roi.

   Tex ert li brief.' ' Et je l'otroi.

   Tant ait plus [mis, beau] sire Ogrin,

2412 Vostre merci, el parchemin,

   Que je ne m'os en lui fïer:

   De moi a fait un ban crïer.

   Mais je li prié, com a seignor

2416 Que je molt aim par bone amor,   *18 b*

   Un autre brief reface faire,

   S'i face escrire tot son plaire;

   A la Croiz Roge, a[n]mi la lande,

2420 Pende le brief, si le conmande.

   Ne li os mander ou je sui,

   Ge criem qu'il ne me face ennui;

   Ge crerai bien, quant je l'avrai,

2424 Le brief; quant qu'il voudra ferai.

   Maistre, mon brief set seelé!

   En la queue escriroiz: *Vale!*

   A ceste foiz je n'i sai plus.'

2402 vos] ses *M* 2403 *Lacuna M* 2408 F. *M*] pise (*cf.* 2246,
2610) 2411 *Corr. M* (*Gauchat*) 2413 lui *M*] moi **2419 la
l.** *M*] latende 2423 q. *M*] que

2428   Ogrins l'ermite lieve sus,
               Pene et enque et parchemin prist,
               Totes ces paroles i mist.
               Qant il out fait, prist un anel,
2432   La pierre passot el seel.
               Seelé est, Tristran le tent;
               Il le reçut molt bonement.
               'Quil portera?' dist li hermites.
2436   'Gel porterai.' 'Tristran, nu dites.'
               'Certes, sire, si férai bien,
               Bien sai l'estre de Lancïen.
               Beau sire Ogrin, vostre merci,
2440   La roïne remaindra ci;
               Et anevois, en tens oscur,
               Qant li rois dormira seür,
               Ge monterai sor mon destrier,
2444   O moi merrai mon escuier.
               Defors la vile a un pendant,
               La decendrai, s'irai avant;
               Mon cheval gardera mon mestre,
2448   Mellor ne vit ne lais ne prestre.'
                  Anuit, aprés solel couchier,
               Qant li tens prist a espoisier,
               Tristran s'en torne avoc son mestre;   *18 c*
2452   Bien sot tot le païs et l'estre.
               A Lancïen, a la cité,
               En sont venu, tant ont erré.
               Il decent jus, entre en la vile;
2456   Les gaites cornent a merville.
               Par le fossé dedenz avale
               Et vint errant tresque (enz) en la sale;
               Molt par est mis Tristran en fort.
2460   A la fenestre ou li rois dort
               En est venu, souef l'apele,
               N'avoit son de crïer harele.

2433 le *M*] li   2449 A. *M*] Qanuit   2456 m. *M*] meruelle

Li rois s'esvelle et dit aprés:
2464 'Qui es, qui a tel eure ves?
As tu besoin? Di moi ton non.'
'Sire, Tristran m'apele l'on.
Un brief aport, sil met ci jus
2468 El fenestrier de cest enclus;
Longuement n'os a vos parler,
Le brief vos lais, n'os plus ester.'
Tristran s'en torne, li rois saut,
2472 Par trois foiz l'apela en haut:
'Por Deu, beaus niés, ton oncle atent!'
Li rois le brief a sa main prent.
Tristran s'en vet, plus n'i remaint,
2476 De soi conduire ne se faint;
Vient a son mestre, qui l'atent,
El destrier saut legierement.
Governal dist: 'Fol, quar esploites!
2480 Alon nos en les destoletes!'
Tant ont erré par le boschage
Q'au jor vindrent a l'ermitage;
Enz sont entré. Ogrins prioit
2484 Au roi celestre, quant qu'il pot,
Tristran defende d'enconbrier
Et Governal, son escuier.   *18 d*
Qant il le vit, es le vos lié;
2488 Son criator a graċïé.
D'Iseut n'estuet pas demander
S'ele out poor d'eus encontrer;
Ainz, pus li soir qu'il en issirent
2492 Tresque l'ermite et el les virent,
N'out les eulz essuiez de lermes;
Molt par li senbla lons cis termes.
Qant el le vit venir, lor prie . . .

2468 f. M] senestrier   2484 qu'il pot M] que il pooit   2487
e (expuncted) between Qant and il; le vit] les vit M   2491 li] le M
2492 T. M] Tresqua; el M] eus   2495 les M(Paris)   2495-6
Lacuna M

2496   Qu(e) il i fist, ne fu pas parole.
    'Amis, di moi, se Dex t'anort,
    Fus tu donc pus a la roi cort?'
    Tristran lor a tot reconté
2500   Conment il fu a la cité
    Et conment o le roi parla,
    Coment li rois le rapela,
    Et du briés que il a gerpi,
2504   Et con li rois trova l'escrit.
      'Dex!' dist Ogrins, 'graces te rent.
    Tristran, sachiez, asez briment
    Orez noveles du ro Marc.'
2508   Tristran decent, met jus son arc.
    Or sejornent a l'ermitage.
    Li rois esvelle son barnage.
    Primes manda le chapelain,
2512   Le brief li tent qu'a en la main.
    Cil fraint la cire et lut le brief;
    Li roi choisi el premier chief,
    A qui Tristran mandoit saluz.
2516   Les moz a tost toz conneüz,
    Au roi a dit le mandement.
    Li rois l'escoute bonement;
    A grant mervelle s'en esjot,
2520   Qar sa feme forment amot.
      Li rois esvelle ses barons,   *19 a*
    Les plus proisiez mande par nons;
    Et qant il furent tuit venu,
2524   Li rois parla, il sont teü.
    'Seignors, un brief m'est ci tramis.
    Rois sui sor vos, vos mi marchis.
    Li briés soit liez et soit oïz;
2528   Et qant liz sera li escriz,

2496 pas pole, parole *M*   2503 brief que il li gerpit *M(Paris)*
2507 ro M. *M*] romenz   2508 arc *M*] ent   2512 qu'a *M*] qui
2514 Li] Le *M*   2528 liz s. li e. *M*] lit furet li escrit

Conseilliez m'en, jel vos requier;
Vos m'en devez bien consellier.'
　　Dinas s'en est levé premierz,
2532　Dist a ses pers: 'Seignors, oiez!
S'or oiez que ne die bien,
Ne m'en creez de nule rien.
Qui mex savra dire, si die,
2536　Face(nt) le bien, lest la folie.
Li brief nos est ici tramis
Nos ne savon de qel païs;
Soit liz li briés premierement,
2540　Et pus, solonc le mandement,
Qui buen consel savra doner,
Sel nos doinst buen. Nel quier celer:
Qui son droit seignor mesconselle
2544　Ne puet faire greignor mervelle.'
　　Au roi dïent Corneualois:
'Dinas a dit trop que cortois;
Dan chapelain, lisiez le brief,
2548　Oiant nos toz, de chief en chief.'
Levez s'en est li chapelains,
Le brief deslie o ses deus mains,
En piez estut devant le roi:
2552　'Or escoutez, entendez moi.
Tristran, li niés nostre seignor,
Saluz mande prime et amor
Au roi et a tot son barnage:
2556　" Rois, tu sez bien le mariage　　　　　*19 b*
De la fille le roi d'Irlande.
Par mer en fui jusque en Horlande,
Par ma proece la conquis,
2560　Le grant serpent cresté ocis,
Par qoi ele me fu donee.
Amenai la en ta contree;

2531 l.p.] premiers levez *M*　　2532 oez *M*　　2542 Sel] Sil *M*

Rois, tu la preïs a mollier,

2564 Si que virent ti chevalier.

N'eüs gaires o li esté,

Quant losengier en ton reigné

Te firent acroire mençonge.

2568 Ge sui tot prest que gage en donge,

Qui li voudroit blasme lever,

Lié alegier contre mon per,

Beau sire, a pié ou a cheval—

2572 Chascuns ait armes et cheval—

Qu'onques amor nen out vers moi,

Ne je vers lui, par nul desroi.

Se je ne l'en puis alegier

2576 Et en ta cort moi deraisnier,

Adonc me fai devant ton ost;

N'i a baron que je t'en ost.

N'i a baron, por moi laisier,

2580 Ne me face ardrë, ou jugier.

Vos savez bien, beaus oncles, sire,

Nos vosistes ardoir en ire;

Mais a Deu en prist g[ra]nt pitié,

2584 S'en aorames Damledé.

La roïne par aventure

En eschapa; ce fu droiture,

Se Dex me saut; quar a grant tort

2588 Li volïez doner la mort.

G'en(n) eschapai, si fis un saut

Contreval un rochier molt haut.　　　　19 c

Lors fu donnee la roïne

2592 As malades en decepline;

Ge l'en portai, si li toli,

Puis ai toz tens o li fuï;

2566 l. M] los entra; barne (*expuncted*) *between* ton *and* reigne
2569 gage doner (*expuncted*) *after* voudroit, *and on next line* blasme
leuer　　2572 et c.] par egal·M　　2573 Qu' M] Qi　　2574 lui] li
M　　2578 Jugier: n'i a qui je M　　2579 l.] plaisier M(*Acher*)
(*cf. Tanquerey, p.* 121)　　2582 Nos M] Uos

Ne li devoie pas fallir,
2596   Qant a tort dut por moi morir.
Puis ai esté o lié par bos,
Que je n'estoie pas tant os
Que je m'osase a[n] plain mostrer
2600   . . . .
A prendre nos et a vos rendre.
Feïsiez nos ardoir ou pendre;
Por ce nos estovoit fuïr.
2604   Mais, s'or estoit vostre plesir
A prendre Yseut o le cler vis,
N'avroit baron en cest païs
Plus vos servist que je feroie.
2608   Se l'uen vos met en autre voie,
Que ne vuelliez le mien servise,
Ge m'en irai au roi de Frise;
Jamais n'oras de moi parler,
2612   Passerai m'en outre la mer.
De ce q'oiez, roi, pren consel.
Ne puis mes soufrir tel trepel:
Ou je m'acorderai a toi,
2616   Ou g'en merrai la fille au roi
En Irlandë, ou je la pris;
Roïnë ert de son païs".'
Li chapelains a au roi dit:
2620   'Sire, n'a plus en cest escrit.'
Li baron oient la demande,
Qe(st) por la fille au roi d'Irlande
Offre Tristran vers eus batalle.
2624   N'i a baron de Cornoualle
Ne die: 'Rois, ta feme pren.
Onques cil n'orent nul jor sen   *19 d*
Qui ce distrent de la roïne,
2628   Dont la parole est ci oïe.

2600 *Line missing. M supplies* Vos feïstes un ban crïer   2604
s'or *M(Michel)*] fort   2608 l'uen *M*] buen   2627-8 *Lacuna M*

Ne te sai pas consel doner
Tristran remaigne deça mer;
Au riche roi aut, en Gavoie,
2632 A qui li roiz escoz gerroie.
Si se porra la contenir,
Et tant porrez de lui oïr,
Vos manderez por lui, qu'il vienge;
2636 Ne savon el qel voie tienge.
Mandez par brief que la roïne
Vos ameint ci a brief termine.'
Li rois son chapelain apele:
2640 'Soit fait cist brief o main isnele;
Oï avez que i metroiz.
Hastez le b[r]ief; molt sui destroiz,
Molt a ne vi Yseut la gente;
2644 Trop a mal trait en sa jovente.
Et quant li brief ert seelez,
A la Croiz Roge le pendez;
Ancor enuit i soit penduz.
2648 Escrivez i par moi saluz.'
Quant l'ot li chapelain escrit,
A la Croiz Roge le pendit.
Tristran ne dormi pas la nuit;
2652 Ainz que venist la mie nuit,
La Blanche Lande out traversee,
La chartre porte seelee;
Bien sout l'estre de Cornoalle.
2656 Vient a Ogrin, il la li balle.
Li hermite la chartre a prise,
Lut les letres, vit la franchise
Du roi, qui pardonne a Yseut
2660 Son mautalent, et que il veut   *20 a*
Repenre la tant bonement;

2632 e. M] cornoz   2634-5 Lacuna M   2637 que M] a
2648 par] por M   2655 l'e. M(Paris)] lestrait (cf 2438, 2452)
2661 R. M] Repenra

Vit le terme d'acordement.
Ja parlera si com il doit
2664 Et con li rois qui a Deu croit:
   'Tristran, quel joie t'est creüe!
Ta parole est tost entendue,
Que li rois la roïne prent.
2668 Loé li ont tote sa gent;
Mais ne li osent pas loer
Toi retenir a soudeier;
Mais va servir en autre terre
2672 Un roi a qui on face gerre,
Un an ou deus. Se li rois veut,
Revien a lui et a Yseut.
D'ui en tierz jor, sanz nul deçoivre,
2676 Est li rois prest de lié reçoivre.
Devant le Gué Aventuros
Est li plez mis de vos et d'eus;
La li rendroiz, iluec ert prise.
2680 Cist briés noient plus ne devise.'
   'Dex!' dist Tristran, 'quel departie!
Molt est dolenz qui pert s'amie!
Faire l'estuet por la soufrete
2684 Que vos avez por moi fort trete;
N'avez mestier de plus soufrir.
Qant ce vendra au departir,
Ge vos dorrai ma drüerie,
2688 Vos moi la vostre, bele amie.
Ja ne serai en cele terre
Que ja me tienge pais ne gerre
Que mesage ne vos envoi.
2692 Bele amie, remandez moi
De tot en tot vostre plesir.'
Iseut parla o grant sospir:

2664 r.] hon M; a]an M   2670 a s.] et soudeer M   2678
d'eus et de vos M   2683 por la s. M] poi lai souferte (cf. 2253)
2684 f. M(Paris)] fors   2689 Ja] Je M

'Tristran, entent un petitet:
2696   Husdent me lesse, ton brachet;
Ainz berseret a veneor
N'ert gardé e a tel honor
Con çist sera, beaus douz amis.
2700   Qant gel verrai, ce m'est avis,'
Menberra moi de vos sovent;
Ja n'avrai si le cuer dolent,
Se je le voi, ne soie lie.
2704   Ainz, puis que la loi fu jugie,
Ne fu beste si herbergie
Ne en si riche lit couchie.

    Amis Tristran, j'ai un anel,
2708   Un jaspe vert a u seel;
Beau sire, por l'amor de moi,
Portez l'anel en vostre doi;
Et s'il vos vient, sire, a corage
2712   Que me mandez rien par mesage,
Tant vos dirai, ce saciez bien,
Certes, je n'en croiroie rien,
Se cest anel, sire, ne voi.
2716   Mais, por defense de nul roi,
Se voi l'anel, ne lairai mie,
Ou soit savoir ou soit folie,
Ne face con que il dira,
2720   Qui cest anel m'aportera,
Por ce qu'il soit a nostre anor;
Je vos pramet par fine amor.
Amis, dorrez me vos tel don,
2724   Husdant le baut, par le landon?'
Et il respont : ' La moie amie,
Husdent vos doins par drüerie.'
'Sire, c'est la vostre merci;
2728   Qant du brachet m'avez seisi,

2698 g. e] gardee   2700 est *M*] ert   2708 a u *M*] et ·i·, a un *M*³
2719 con] çou *M*

G

Tenez l'anel, de gerredon.'
De son doi l'oste, met u son.   *20 c*
Tristran en bese la roïne,
2732   Et ele lui, par la saisine.
        Li hermites en vet au Mont,
Por les richeces qui la sont;
Aprés achate ver et gris,
2736   Dras de soie et [de] porpre bis,
Escarlates et blanc chainsil,
Asez plus blanc que flor de lil,
Et palefroi souef anblant,
2740   Bien atornez d'or flanboiant.
Ogrins l'ermite tant achate
Et tant acroit et tant barate
Pailes, vairs et gris et hermine
2744   Que richement vest la roïne.
Par Cornoualle fait huchier
Li rois s'acorde a sa mollier:
'Devant le Gué Aventuros
2748   Iert pris acordement de nos.'
Oï an ont par tot la fame;
N'i remest chevalier ne dame
Qui ne vienge a cel' asenblee.
2752   La roïne ont molt desirree;
Amee estoit de tote gent,
Fors des felons que Dex cravent!
Tuit quatre [en orent] tel[s] soudees:
2756   Li dui en furent mort d'espees,
Li tierz d'une seete ocis,
A duel morurent el païs;
Li forestier qui(e)s encusa
2760   Mort crüele n'en refusa;
Quar Perinis, li franc, li blois,

2735 A.] Assés *M* (*Paris*)   2737 b. c. *M*] blans chailil   2740
atorné *M*   2749 en ont *M*] auez   2755 T. q. tel s., T. troi
en orent tels s. *M*

L'ocist puis d'un gibet el bois.
Dex les venga de toz ces quatre,
2764   Qui vout le fier orguel abatre.

        Seignors, au jor du parlement   *20 d*
Fu li rois Marc o molt grant gent.
La out tendu maint pavellon
2768   Et mainte tente de baron;
Loin ont porpris la praerie.
Tristran chevauchë o s'amie,
Tristran chevauche et voit le merc.
2772   Souz son bliaut ot son hauberc;
Quar grant poor avoit de soi,
Por ce qu'il out mesfait au roi.
Choisi les tentes par la pree,
2776   Conut li roi et l'asenblee.
Iseut apele bonement:
'Dame, vos retenez Hudent.
Pri vos, por Deu, que le gardez;
2780   S'onques l'amastes, donc l'amez.
Vez la le roi, vostre seignor,
O lui li home de s'onor.
Nos ne porron mais longuement
2784   Aler nos deus a parlement;
Je voi venir ces chevaliers
Et le roi et ses soudoiers,
Dame, qui vienent contre nos.
2788   Por Deu, le riche glorios,
Se je vos mant aucune chose,
Hastivement ou a grant pose,
Dame, faites mes volentez.'
2792   'Amis Tristran, or m'escoutez:
Par cele foi que je vos doi,
Se cel anel de vostre doi
Ne m'envoiez, si que jel voie,

2772 ot *M* (*Paris*)] et soz   2776 li] le *M*   2780 o. l'] o. m' *M*
2783 p. *M*] porroit

2796   Rien qu'il deïst ge ne croiroie.
   Mais des que (je) reverrai l'anel,
   Ne tor ne mur ne fort chastel
   Ne me tendra ne face errant
2800   Le mandement de mon amant,
   Solonc m'enor et loiauté
   Et je sace soit vostre gré.'
   'Dame,' fait il, 'Dex gré te sace!'
2804   Vers soi l'atrait, des braz l'enbrace.
   Yseut parla, qui n'ert pas fole:
   'Amis, entent a ma parole.'
   'Or me fai donc bien a entendre.'
2808   'Tu me conduiz, si me veuz rendre
   Au roi, par le consel Ogrin,
   L'ermite, qui ait bone fin.
   Por Deu vos pri, beaus douz amis,
2812   Que ne partez de cest païs
   Tant qos saciez conment li rois
   Sera vers moi, iriez ou lois.
   Gel prié, qui sui ta chiere drue,
2816   Qant li rois m'avra retenue,
   Que chiés Orri le forestier
   T'alles la nuit la herbergier.
   Por moi sejorner ne t'ennuit!
2820   Nos i geümes mainte nuit,
   En nostre lit que nos fist faire . . .
   Li trois qui er[en]t de moleste
   Mal troveront en la parfin,
2824   Li cors giront el bois, sovin;
   Beau chiers amis, et g'en ai dote;
   Enfer ovre, qui les tranglote!
   Ges dot, quar il sont molt felon.
2828   El buen celier, soz le boron,
   Seras entrez, li miens amis.

21 a

2796–7 *Lacuna M (cf.* 2716–20)   2799 e. M] tost   2814 l.] voirs
M   2821–2 *Lacuna M*   2822 Li troi qui nos quierent m. *M*
2824 g. M] gisent   2825–6 *Interverted in M*   2827–8 *Lacuna M*

    Manderai toi par Perinis
    Les noveles de la roi cort.
2832 Li miens amis, que Dex t'enort!
    Ne t'ennuit pas la herbergier!
    Sovent verrez mon mesagier;
    Manderai toi de ci mon estre   *21 b*
2836 Par mon vaslet et a ton mestre . . .
    'Non fera il, ma chiere amie.
    Qui vos reprovera folie
    Gart soi de moi con d'anemi!'
2840 'Sire,' dist Yseut, 'grant merci!
    Or sui je molt boneüree;
    A grant fin m'avez asenee.'
     Tant sont alé et cil venu
2844 Qu'il s'entredïent lor salu.
    Li rois venoit molt fierement
    Le trait d'un arc devant sa gent;
    O lui Dinas, qui, de Dinan.
2848 Par la reigne tenoit Tristran
    La roïne, qui conduioit.
    La, salua si com il doit:
    'Rois, ge te rent Yseut, la gente;
2852 Hon ne fist mais p[lu]s riche rente.
    Ci voi les homes de ta terre
    Et, oiant eus, te vuel requerre
    Que me sueffres a esligier
2856 Et en ta cort moi deraisnier
    C'onques o lié n'oi drüerie,
    Ne ele o moi, jor de ma vie.
    Acroire t'a l'en fait mençonge;
2860 Mais, se Dex joie et bien me donge,
    Onques ne firent jugement,
    Conbatre a pié ou autrement,
    Dedenz ta cort, se ge t'en sueffre;
2864 Se sui dannez, si m'art en soffre.

 2836–7 *Lacuna M* 2839 con *M*] 7 (*for* 9?); anemi *with* m *written over* p 2863 D. ta c., sire, m'en soffre *M*

Et, se je m'en pus faire saus,
Qu'il n'i ait chevelu ne chaus . . .
Si me retien ovocques toi,
2868   O m'en irai en Loenoi.'
    Li rois a son nevo parole.
Andrez, qui fu nez de Nicole,   21 c
Li a dit: 'Rois, quar le retiens,
2872   Plus en seras doutez et criens.'
Molt en faut poi que ne l'otroie,
Le cuer forment l'en asouploie.
A une part li rois le trait;
2876   La roïne ovoc Dinas let,
Qui molt par ert voirs et loiaus
Et d'anor faire conmunax.
O la roïne geue et gabe,
2880   Du col li a osté la chape,
Qui ert d'escarlate molt riche.
Ele out vestu une tunique
Desus un grant bliaut de soie.
2884   De son mantel que vos diroie?
Ainz l'ermite, qui l'achata,
Le riche fuer ne regreta.
Riche ert la robe et gent le cors;
2888   Les eulz out vers, les cheveus sors.
Li seneschaus o lié s'envoise.
As trois barons forment en poise;
Mal aient il, trop sont engrés!
2892   Ja se trairont du roi plus pres.
'Sire,' font il, 'a nos entent;
Consel te doron bonement.
La roïne a esté blasmee
2896   Et foï hors de ta contree.
Se a ta cort resont ensenble,
Ja dira l'en, si con nos senble,

2865 sauf M   2866 chauf M   2866–7 *Lacuna* M   2877 v.
et l. M] uairs et ioiaus   2888 sors *with* r *added above the line*

Que en consent lor felonie;
2900 Poi i avra qui ce ne die.
Lai de ta cort partir Tristran;
Et, quant vendra jusqu'a un an,
Que tu seras aseürez
2904 Qu(e) Yseut te tienge loiautez,
Mande Tristran qu'il vienge a toi.   *21 d*
Ce te loons par bone foi.'
Li rois respont: 'Que que nus die,
2908 De vos consel[z] n'istrai je mie.'
Ariere en vienent li baron,
Por le roi content sa raison.
Quant Tristran oit n'i a porloigne,
2912 Que li rois veut qu'il s'en esloigne,
De la roïne congié prent;
L'un l'autre esgarde bonement.
La roïne fu coloree,
2916 Vergoigne avoit por l'asenblee.
Tristran s'en part, ce m'est avis;
Dex! tant cuer fist le jor pensis!
Li rois demande ou tornera;
2920 Qant qu'il voudra, tot li dorra;
Molt par li a a bandon mis
Or et argent et vair et gris.
Tristran dist: 'Rois de Cornoualle,
2924 Ja n'en prendrai mie maalle;
A qant que puis vois a grant joie,
Au roi riche que l'en gerroie.'
   Molt out Tristran riche convoi
2928 Des barons et de Marc le roi;
Vers la mer vet Tristran sa voie.
Yseut o les euz le convoie;
Tant con de lui ot la veüe,
2932 De la place ne se remue.
Tristran s'en vet, retorné sont

2918 tanz cuers *M*

Cil qui pose convoié l'ont.
Dinas encor le convoiout,
2936 Sovent le besse et li proiot
Seürement revienge a lui;
Entrafié se sont il dui:
'Dinas, entent un poi a moi:
2940 De ci m'en part, bien sez por qoi;   *22 a*
Se je te mant par Governal
Aucune chose besoignal,
Avance la, si con tu doiz.'
2944 Baisié se sont plus de set foiz.
Dinas li prie ja nel dot,
Die son buen: il fera tot.
Dit molt a bele desevree.
2948 Mais, sor sa foi aseüree,
La retendra ensenble o soi;
Non feroit, certes, por le roi.
Iluec Tristran de lui s'en torne;
2952 Au departir andui sont morne.
    Dinas s'en vient aprés le roi,
Qui l'atendoit a un chaumoi.
Ore chevauchent li baron
2956 Vers la cité tot a bandon.
Tote la gent ist de la vile,
Et furent plus de quatre mile,
Qu'omes que femes que enfanz;
2960 Que por Yseut, que por Tristranz,
Mervellose joie menoient.
Li saint par la cité sonoient.
Qant il oient Tristran s'en vet,
2964 N'i a un sol grant duel ne fet.
D'Iseut grant joie demenoient,
De lui servir molt se penoient;
Qüar, ce saciez, ainz n'i ot rue

2947–8 *Lacuna M*   2948 sa *M*] uos (*cf.* 1106)   2959 enfant *M*
2960 Tristran *M*   2966 lui] li *M*

2968   Ne fust de paile portendue:
       Cil qui n'out paile mist cortine.
       Par la ou aloit la roïne
       Est la rue molt bien jonchie.
2972   Tot contremont, par la chaucie,
       Si vont au mostier Saint Sanson;
       La roïne et tuit li baron
       En sont trestuit ensenble alé.   *22 b*
2976   Evesque, clerc, moine et abé
       Encontre lié sont tuit issu,
       D'aubes, de chapes revestu;
       Et la roïne est decendue,
2980   D'une porpre inde fu vestue.
       L'evesque l'a par la main prise,
       Si l'a dedenz le mostier mise;
       Tot droit la meinent a l'auter.
2984   Dinas li preuz, qui molt fu ber,
       Li aporta un garnement
       Qui bien valoit cent mars d'argent,
       Un riche paile fait d'orfrois;
2988   Onques n'out tel ne qens ne rois.
       Et la roïne Yseut l'a pris
       Et, par buen cuer, sor l'autel mis.
       Une chasublë en fu faite,
2992   Qui ja du tresor n'iert hors traite
       Se as grans festes anvés non.
       Encore est ele a Saint Sanson;
       Ce dïent cil qui l'ont veüe.
2996   Atant est du mostier issue.
       Li rois, li prince et li contor
       L'en meinent el palais hauçor;
       Grant joie i ont le jor menee.
3000   Onques porte n'i fu vee[e]:
       Qui vout entrer si pout mengier,

2968 p. *M*] pertendue   2973 Si] S'en *M*   2974 li *M*] si
2983 l'auter *M*] l'autel   2992 ja *corrected from* la(?)

Onc a nul n'i fist on dangier.
Molt l'ont le jor tuit honoree;
3004 Ainz le jor que fu esposee
Ne li fist hom si grant honor
Con l'on li a fait icel jor.
Le jor franchi li rois cent sers
3008 Et donna armes et haubers
A vint danzeaus qu'il adouba.
Or oiez que Tristran fera.   22 c
    Tristran s'en part, fait a sa rente.
3012 Let le chemin, prent une sente;
Tant a erré voie et sentier
Qu'a la herberge au forestier
En est venu celeement.
3016 Par l'entree priveement
Le mist Orri el bel celier;
Tot li trove quant q'ot mestier.
Orris estoit mervelles frans;
3020 Senglers, lehes prenet o pans,
En ses hai[e]s grans cers et biches,
Dains et chevreus; il n'ert pas chiches,
Molt en donet a ses serjanz.
3024 O Tristran ert la sejornanz
Priveement en souterrin.
Par Perinis, li franc meschin,
Soit Tristran noves de s'amie.
3028 Oiez des trois, que Dex maudie:
Par eus fu molt li rois malez,
Qui o Tristran estoit meslez.
Ne tarja pas un mois entier
3032 Que li rois Marc ala chacier,
Et avoc lui li traïtor.

3003 le jor M] li roi (cf. 716)   3005 Ne li M] Nen   3009 A M] Et
3011 r. M] cente or tente   3012 Let le c. p. M(Paris)] Lez le c.
lez (cf. 1424)   3016 p. M] premierement   3025 en s. M] en son
terrin   3026 li] le M   3029–30 Interverted   3030 Qui o T.
auoit alez, Par qui T. an est alez M

Or escoutez que font cel jor:
En une lande, a une part,

3036 Ourent ars li vilain essart;
Li rois s'estut el bruelleïz,
De ses buens chiens oï les cris.
La sont venu li troi baron,

3040 Qui le roi mistrent a raison:
'Rois, or entent nostre parole:
Se la roïne a esté fole,
El n'en fist onques escondit.

3044 S'a vilanie vos est dit;
Et li baron de ton païs   *22 d*
T'en ont par mainte foiz requis,
Qu'il vuelent bien s'en escondie

3048 Qu(e) on Tristran n'ot sa drüerie;
Escondire se doit c'on ment.
Si l'en fai faire jugement
Et enevoies l'en requier,

3052 Priveement, a ton couchier;
S'ele ne s'en veut escondire,
Lai l'en aler de ton enpire.'
    Li rois rogi, qui escouta:

3056 'Par Deu! seignors Cor(t)not, molt a
Ne finastes de lié reter;
De tel chose l'oi ci reter
Qui bien peüst remaindre atant.

3060 Dites se vos alez querant
Que la roïne aut en Irlande:
Chascun de vos que li demande?
N'offri Tristran li a defendre?

3064 Ainz n'en osastes armes prendre.
Par vos est il hors du païs.
Or m'avez vos du tot sorpris:

3043–4 *Lacuna M*   3047 s'en e. *M*] son escondire   3051–2
come between ll. 3044–45 *and occupy the first two lines of fol.* 22*d*.
Corr. M   3057 r.] blasmer *M*   3062 vos *or* nos

Lui ai chacié; or chaz ma feme?

3068   Cent dehez ait par mié la cane
Qui me rova de lui partir!
Par saint Estiene le martir,
Vos me sorquerez, ce me poise;

3072   Quel mervelle que l'en si toise!
S'il se mesfist, il est en fort.
N'avez cure de mon deport;
O vos ne puis plus avoir pes.

3076   Par saint Tresmor de Caharés,
Ge vos ferai un geu parti:
Ainz ne verroiz passé marsdi—
Hui est lundi—si le verrez.'

3080   Li rois les a si esfreez   *23 a*
Qu'il n'i a el fors prengent fuie.
Li rois Marc dist: 'Dex vos destruie,
Qui si alez querant ma honte!

3084   Por noient, certes, ne vos monte;
Ge ferai le bar(b)on venir
Que vos avïez fait fuïr.'
Qant il voient le roi marri,

3088   En la lande, sor un larri,
Sont decendu tuit troi a pié,
Li rois lessent el chanp, irié.
Entre eus dïent: 'Que porron faire?

3092   Li rois Marc est trop deputaire;
Bien tost mandera son neveu,
Ja n'i tendra ne fei ne veu.
S'il ça revient, de nos est fin(s);

3096   Ja en forest ne en chemin
Ne trovera nul de nos trois
Le sanc n'en traie du cors, frois.
Dison le roi or avra pes,

3072 toise *M*] taise   3073 il est en *M*(*Acher*)] et il est (*cf.* 2459)
3074 N'a. *M*] Nauet   3088 sor *M*(*Acher*)] soz   3090 Le roi *M*
3097 nul *M*] nus

3100   N'en parleron a lui jamés.'
        Enmié l'essart li rois s'estot;
        La sont venu; tost les destot,
        De lor parole n'a mes cure;
3104   La loi qu'il tient de Deu en jure
        Tot souavet entre ses denz:
        Mar fu jostez cist parlemenz.
        S'il eüst or la force o soi,
3108   La fusent pris, ce dit, tuit troi.
        'Sire,' font il, 'entendez nos:
        Marriz estes et coroços
        Por ce que nos dison t'anor.
3112   L'en devroit par droit son seignor
        Conseillier; tu nos sez mal gré.
        Mal ait quant qu'a soz son baudré—   *23 b*
        Ja mar o toi s'en marrira—
3116   Cil qui te het! Cil s'en ira;
        Mais nos, qui somes ti feel,
        Te donions loial consel.
        Quant ne nos croiz, fai ton plaisir;
3120   Assez nos en orras taisir.
        [I]cest maltalent nos pardonne.'
        Li rois escoute, mot ne sone,
        Sor son arçon s'est acoutez,
3124   Ne s'est vers eus noient tornez:
        'Seignors, molt a encor petit
        Que vos oïstes l'escondit
        Que mes niés fist de ma mollier;
3128   Ne vosistes escu ballier.
        Querant alez a terre pié;
        La meslee des or vos vié;
        Or gerpisiez tote ma terre.
3132   Par saint André, que l'en vet querre

3102 La s. venu] Vit son neuo (*cf.* 3039); *M rejects this line*
3106 jostez *with* r *corrected to* s   3113 C. *M*] Consentir (*cf.* 3118)
3115–6 *Interverted in M*

Outre la mer, jusque en Escoce,
Mis m'en avez el cuer la boce,
Qui n'en istra jusqu'a un an;
3136   G'en ai por vos chacié Tristran.'
Devant lui vienent li felon,
Godoïnë et Guenelon
Et Danalain que fu molt feus;
3140   Li troi [l']ont aresnié entr'eus,
Mais n'i porent plai encontrer;
Vet s'en li rois sanz plus ester.
Cil s'en partent du roi par mal;
3144   Forz chasteaus ont, bien clos de pal,
Soiant sor roche, sor haut pui;
A lor seignor feront ennui,
Se la chose n'est amendee.
3148   Li rois n'a pas fait longe estee,   23 c
N'atendi chien ne veneor;
A Tintajol, devant sa tor,
Est decendu, dedenz s'en entre—
3152   Nus ne set ne ne voit son estre—
Es chanbres entre, çaint' espee;
Yseut s'est contre lui levee,
Encontre vient, s'espee a prise,
3156   Pus est as piez le roi asise.
Prist l'a la main, si l'en leva;
La roïne li enclina,
Amont le regarde, a la chiere.
3160   Molt la vit et cruel et fiere,
Aperçut soi qu'il ert marriz;
Venuz s'en est aeschariz.
'Lasse,' fait ele, 'mes amis
3164   Est trovez, mes sires l'a pris!'
Souef le dit entre ses denz.
Li sanz de li ne fu si loinz

3139 Et Danaalain qu'est mot feus M   3140 Le roi ont M
3152 ne sut ne ne voit soventre M(Paris)   3165 le M] li   3166
loinz] Tanquerey corr. lenz

Qu'il ne li set monté el vis,
3168   Li cuer el ventre li froidis[t];
Devant le roi choï enverse,
Pasme soi, sa color a perse . . .
Q'entre ses braz l'en a levee,
3172   Besie l'a et acolee;
Pensa que mal l'eüst ferue.
Quant de pasmer fu revenue:
'Ma chiere amie, que avez?'
3176   'Sire, poor.' 'Ne vos tamez.'
Qant ele l'ot qui l'aseüre,
Sa color vient, si aseüre;
Adonc li rest asouagié.
3180   Molt bel a le roi aresnié:
'Sire, ge voi a ta color,
Fait t'ont marri ti veneor;
Ne te doiz ja marrir de chace.'   *23 d*
3184   Li rois l'entent, rist, si l'enbrace,
E li a fait li rois: 'Amie,
J'ai trois felons, d'ancesorie,
Qui heent mon amendement;
3188   Mais se encor nes en desment,
Que nes enchaz fors de ma terre,
Li fel ne criement mais ma gerre.
Il m'ont asez adesentu,
3192   Et je lor ai trop consentu;
N'i a mais rien del covertir.
Par lor parler, par lor mentir,
Ai mon nevo de moi chacié;
3196   N'ai mais cure de lor marchié.
Prochainement s'en revendra,
Des trois felons me vengera;
Par lui seront encor pendu.'
3200   La roïne l'a entendu,

3170 sa] la *M* (*cf. Tobler, p.* 742)   3170–1 *Lacuna M*
3177 qui *M*] si   3178 *Corr.* si est seüre (?)   3188–9 *Lacuna M*
3193 del *M(Tobler)*] des

Ja parlast haut, mais ele n'ose;
El fu sage, si se repose
Et dist: 'Dex i a fait vertuz,
3204 Qant messires s'est irascuz
Vers ceus par qui blasme ert levé.
Deu pri qu'il soient vergondé.'
Souef le dit, que nus ne l'ot.
3208 La bele Yseut, qui parler sot,
Tot sinplement a dit au roi:
'Sire, quel mal ont dit de moi?
Chascun puet dire ce qu'il pense.
3212 Fors vos, ge n'ai nule defense;
Por ce vont il querant mon mal.
De Deu, le pere esperital,
Aient il male maudiçon!
3216 Tantes foiz m'ont mis' en frichon!'
 'Dame,' fait li rois, 'or m'entent:
Parti s'en sont par mautalent   *24 a*
Trois de mes plus proisiez barons.'
3220 'Sire, porqoi? Par quel[s] raisons?'
'Blasmer te font.' 'Sire, por quoi?'
'Gel te dirai,' dit li li roi,
'N'as fait de Tristran escondit.'
3224 'Se je l'en faz?' 'Et il m'ont dit . . .
Qu'il le m'ont dit.'—'Ge prest' en sui.'
'Qant le feras? Ancor ancui?'
'Brif terme i met.' 'Asez est loncs.'
3228 'Sire, por Deu et por ses nons,
Entent a moi, si me conselle.
Que puet ce estre? Quel mervelle
Qu'il ne me lesent an pes eure!
3232 Se Damledeu mon cors seceure,
Escondit mais ne lor ferai,

3220 por quels *M* 3224 je l'en f.] ne l'en fais *M* (*cf.* 3235–8)
3224–5 *Lacuna M* 3227 met] mez *M* 3231 an pes *M*] apres
followed by estre (*expuncted*)

Fors un que je deviserai.
Se lor faisoie soirement,
3236   Sire, a ta cort, voiant ta gent,
Jusqu'a tierz jor me rediroient
Q'autre escondit avoir voudroient.
Rois, n'ai en cest païs parent
3240   Qui por le mien destraignement
En feïst gerre ne revel;
Mais de ce me seret molt bel.
De lor rebeche n'ai mes cure;
3244   Se il vuelent avoir ma jure
Ou s(e) il volent loi de juïse,
Ja n'en voudront si roide guise—
Metent le terme—que ne face.
3248   A terme avrai en mié la place
Li roi Artus et sa mesnie;
Se devant lui sui alegie,
Qui me voudroit aprés sordire,
3252   Cil me voudroient escondire,
Qui avront veü ma deraisne,   *24 b*
Vers un Cornot ou vers un Saisne.
Por ce m'est bel que cil i soient
3256   Et mon deresne a lor eulz voient.
Se en place est Artus li rois,
Gauvains, ses niés, li plus cortois,
Girflez et Qeu li seneschaus,
3260   Tex cent en a li rois vasaus
N'en mentiront por rien qu'il oient,
Por les seurdiz se conbatroient.
Rois, por c(e) est biens devant eus set
3264   Faiz li deraisne de mon droit.
Li Cornot sont reherceor,
De pluseurs evre[s] tricheor.

3240 desraignement *M*   3245 juïse *M(Paris)*] iude   3246 si
r. g. *M*] loi de mite (*or* iuice *or* mice?)   3249 Li] Le *M*

Esgarde un terme, si lor mande
3268 Que tu veus a la Blanche Lande
Tuit i soient, et povre et riche;
Qui n'i sera, tres bien t'afiche
Que lor toudras lor herité;
3272 Si reseras d'eus aquité.
Et li mien cors est toz seürs,
Des que verra li rois Artus
Mon mesage, qu'il vendra ça;
3276 Son corage sai des piça.'
Li rois respont: 'Bien avez dit.'
Atant est li termes baniz
A quinze jorz par le païs.
3280 Li rois le mande a trois naïs
Que par mal sont parti de cort;
Molt en sont lié, a que qu'il tort.

Or sevent tuit par la contree
3284 Le terme asis de l'asenblee,
Et que la ert li rois Artus,
Et de ses chevaliers le plus
O lui vendront de sa mesnie.
3288 Yseut ne s'ert mie atargie;   *24 c*
Par Perinis manda Tristran
Tote la paine et tot l'ahan
Qu'el a por lui ouan eüe.
3292 Or l'en soit la bonté rendue!
Metre la puet, s'il veut, en pes:
'Di li qu(e) il set bien [un] marchés,
Au chief des planches, au Mal Pas;
3296 G'i sollé ja un poi mes dras.
Sor la mote, el chief de la planche,
Un poi deça la Lande Blanche,
Soit, revestuz de dras de ladre;
3300 Un henap port o soi de madre—

3268 a] an *M*   3271 heritez *M*   3272 aquitez *M*   3280 *or* naif
3286 ses c. *M*] sa mesnie   3294 *Corr. M*   3296 G'i *M*] je

Une botele ait dedesoz—
O coroie atachié par noz;
A l'autre main tienge un puiot,
3304 Si aprenge de tel tripot:
Au terme ert sor la mote assis;
Ja set assez bociez son vis,
Port le henap devant son front,
3308 A ceus qui iluec passeront
Demant l'aumosne sinplement.
Il li dorront or et argent;
Gart moi l'argent, tant que le voie
3312 Priveement, en chanbre coie.'
Dist Perinis: 'Dame, par soi
Bien li dirai si le secroi.'
Perinis part de la roïne;
3316 El bois, par mié une gaudine,
Entre, tot sos par le bois vet;
A l'avesprer vient au recet
Ou Tristran ert, el bel celier;
3320 Levé estoient du mengier.
Liez fu Tristran de sa venue:
Bien sout, noveles de sa drue
Li aporte li vaslet frans.
3324 Il dui se tienent par les mains,   *24 d*
Sor un sige haut sont monté;
Perinis li a tot conté
Le mesage de la roïne.
3328 Tristran vers terre un poi encline
Et jure quant que puet ataindre:
Mar l'ont pensé, ne puet remaindre,
Il en perdront encor les testes.
3332 Et as forches pendront, as festes.
'Di la roïne mot a mot:
G'irai au terme, pas n'en dot;
Face soi lie, saine et baude!

3306 Ja M] jl   3312 rai (*deleted*) *before* en   3313 soi] foi M

3336 Ja n'avrai mais bain d'eve chaude
Tant qu'a m'espee aie venjance
De ceus qui li ont fait pesance;
Il sont traître fel prové.
3340 Di li que tot ai bien trové
A sauver soi du soirement;
Je la verrai assez briment.
Va, si li di que ne s'esmait,
3344 Ne dot pas que je n'alle au plet,
Atapiné conme tafurs;
Bien me verra li rois Artus
Soier au chief sor le Mal Pas,
3348 Mais il ne me connoistra pas;
S'aumosne avrai, se l'en pus traire.
A la roïne puez retraire
Ce que t'ai dit el sozterrin
3352 Que fist fere si bel, perrin;
De moi li porte plus saluz
Qu'il n'a sor moi botons menuz.'
'Bien li dirai,' dist Perinis.
3356 Lors s'est par les degrez fors mis:
'G'en vois au roi Artus, beau sire;
Ce mesage m'i estuet dire:
Qu'il vienge oïr le soirement,
3360 Ensenble o lui chevaliers cent,   25 a
Qui puis garant li porteroient,
Se li felon de rien greignoient
A la dame de loiauté.
3364 Donc n'est ce bien?' 'Or va a Dé.'
Toz les degrez en puie a orne,
El chaceor monte et s'en torne,
N'avra mais pais a l'esperon,
3368 Si ert venu a Cuerlion.

3340 ai] ait M   3349 aurai *with* u *expuncted*(?)   3354 b.
M] boces   3365 en p. M(*Paris*)] en plez   3365–6 *Interverted.*
Corr. M

Molt out cil poines por servir,
Molt l'en devroit mex avenir;
Tant a enquis du roi novele
3372 Que l'en li a dit bone et bele,
Que li rois ert a Isneldone.
Cele voie qui la s'adone
Vet li vaslez Yseut la bele;
3376 A un pastor qui chalemele
A demandé: 'Ou est li rois?'
'Sire,' fait il, 'il sit au dois;
Ja verroiz la Table Reonde,
3380 Qui tornoie conme le monde;
Sa mesnie sit environ.'
Dist Perinis: 'Ja en iron.'
Li vaslet au perron decent,
3384 Maintenant s'en entra dedanz.
Molt i avoit filz a contors
Et filz a riches vavasors,
Qui servoient por armes tuit.
3388 Uns d'eus s'en part, con s'il s'en fuit;
Il vint au roi, et il l'apele:
'Va, dont viens tu?' 'J'aport novele:
La defors a un chevauchant,
3392 A grant besoin te va querant.'
Atant estes vos Pirinis;
Esgardez fu de maint marchis;
Devant le roi vint a l'estage   25 b
3396 Ou s[e]oient tuit li barnage.
Li vaslet dit tot a seür:
'Dex saut,' fait il, 'le roi Artur,
Lui et tote sa conpaignie,
3400 De par la bele Yseut s'amie!'
    Li rois se lieve sus des tables:
'Et Dex,' fait il, 'esperitables

La saut et gart, et toi, amis!
3404   Dex!' fait li rois, 'tant ai je quis
De lié avoir un sol mesage!
Vaslet, voiant cest mien barnage,
Otroi a li qant que requiers.
3408   Toi tiers seras fet chevaliers,
Por le mesage a la plus bele
Qui soit de ci jusq'en Tudele.'
'Sire,' fait il, 'vostre merci!
3412   Oiez por qoi sui venu ci;
Et si entendent cil baron,
Et mes sires Gauvain par non.
   La roïne s'est acordee
3416   O son seignor, n'i a celee;
Sire, la ou il s'acorderent,
Tuit li baron du reigne i erent.
   Tristran s'offri a esligier
3420   Et la roïne a deraisnier,
Devant le roi, de loiauté;
Ainz nus de tele loiauté
Ne vout armes saisir ne prendre.
3424   Sire, or font le roi Marc entendre
Que il prenge de lié deraisne.
Il n'a frans hon, François ne Sesne,
A la roi cort, de son linage.
3428   Ge oi dire que souef nage
Cil qui on sostient le menton.
Rois, se nos ja de ce menton,   *25 c*
Si me tenez a losengier.
3432   Li rois n'a pas coraige entier,
Senpres est ci et senpres la.
La bele Yseut respondu l'a
Qu(e) ele en fera droit devant vos;
3436   Devant le Gué Aventuros

3404 ai je q M] a requis   3406 v. M] uolez   3422 de trestot
le barné M   3426 F. M] francier

Vos requier[t] et merci vos crie,
Conme la vostre chiere amie,
Que vos soiez au terme mis;
3440   Cent i aiez de vos amis.
Vostre cort soit atant loial,
Vostre mesnie natural;
Dedevant vos iert alegiee,
3444   Et Dex la gart que n'i meschiee!
Que pus li seriez garant,
N'en faudriez ne tant ne quant.
D(e) hui en huit jors est pris le termes.'
3448   Plorer en font o groses lermes;
N'i a un sol qui de pitié
N'en ait des euil[z] le vis mollié.
'Dex!' fait chascun, 'que li demandent?
3452   Li rois fait ce que il conmandent,
Tristran s'en vet fors du païs.
Ja ne voist il s'anz paradis,
Se li rois veut, qui la n'ira
3456   Et qui par droit ne l'aidera!'
Gauvains s'en est levé en piez,
Parla et dist conme afaitiez:
'Oncle, se j'ai de toi l'otrise,
3460   La deresne qui est assise
Torra a mal as trois felons;
Li plus coverz est Guenelons,
Gel connois bien, si fait il moi:
3464   Gel boutai ja a un fangoi,
A un bohort fort et plenier.   *25 d*
Se gel retien, par saint Richier,
N'i estovra Tristran venir;
3468   Se gel pooie as poins tenir,
Ge li feroie asez ennui

3441 soit] set *M* (*cf.* 3027)   3448 en *M*] len   3455 qui l'a
n'ira *M*] quil larara   3457 G. s'en est *M*] Gau' sest   3462 G. *M*]
plus felons   3464 a] an *M*

Et lui pendrë a[n] un haut pui.'
Gerflet s'en lieve enprés Gauvain
3472   Et si s'en vindrent main a main.
'Rois, molt par heent la roïne
Denaalain et Godoïne
Et Guenelon, molt a lonc tens.
3476   Ja ne me tienge Dex en sens,
Se vois encontre Goudoïne,
Se de ma grant lance fresnine
Ne pasent outre li coutel,
3480   Ja n'en enbraz soz le mantel
Bele dame desoz cortine.'
Perinis l'oit, le chief li cline.
Dit Evains, li filz Urïen:
3484   'Asez connois Dinoalen:
Tot son sens met en acuser,
Bien set faire le roi muser;
Tant li dirai que il me croie.
3488   Se je l'encontre enmié ma voie,
Con je fis ja une autre foiz,
Ja ne m'en tienge lois ne fois,
S'il ne se puet de moi defendre,
3492   S'a mes deus mains ne le fais pendre.
Molt doit on felon chastïer.
Du roi joent si losengier.'
    Dist Perinis au roi Artur:
3496   'Sire, je sui de tant seür
Que li felon prendront colee,
Qui la roïne ont quis meslee.
Ainz a ta cort n'ot menacié
3500   Home de nul luintain reigné,   26 a
Que n'en aiez bien trait a chief;
Au partir en remestrent grief

3480 Ja nen e. *M*] iannenbraz   3483 Dit *M*] Et dit; U. *M*]
dinan   3484 Dinoalain *M*] dinoalan   3487 dira que il le c. *M*
3494 Du roi j. *M(Paris)*] De roi ioiant   3501 c.] chies

Tuit cil qui l'ourent deservi.'
3504 Li rois fu liez, un poi rougi:
'Sire vaslez, alez mangier;
Cist penseront de lui vengier.'
Li rois en son cuer out grant joie;
3508 Parla, bien vout Perinis l'oie:
'Mesnie franche et honoree,
Gardez q'encontre l'asenblee
Soient vostre cheval tuit gras,
3512 Vostre escu nuef, riche vos dras;
Bohorderons devant la bele
Dont vos oiez tuit la novele;
Molt porra poi sa vie amer
3516 Qui se faindra d'armes porter.'
Li rois les ot trestoz semons;
Le terme heent qui (e)st si lons,
Lor vuel fust il a l'endemain.
3520 Oiez du franc de bone main:
Perinis le congié demande;
Li rois monta sor Passelande,
Qar convoier veut le meschin.
3524 Contant vont parmié le chemin;
Tuit li conte sont de la bele,
Qu'il metra lance par astele.
Ainz que parte de parlemenz,
3528 Li rois offre les garnemenz
Perinis d'estre chevalier,
Mais il nes vout encor ballier.
Li rois convoié l'out un poi,
3532 Por la bele franche au chief bloi,
Ou il n'a point de mautalent;
Molt en parloient an alent.
Li vaslez out riche convoi   26 b
3536 Des chevaliers et du franc roi;

A grant enviz sont departiz.
Li rois le claime: 'Beaus amis,
Alez vos en, ne demorez.

3540   Vostre dame me salüez
De son demoine soudoier,
Qui vient a li por apaier;
Totes ferai ses volentez,

3544   Por lié serai entalentez;
El me porra molt avancier.
Menbre li de l'espié lancier,
Qui fu en l'estache feru;

3548   Ele savra bien ou ce fu.
Prié vos que li dïez einsi.'
'Rois, si ferai, gel vos afi.'
Adonc hurta le chaceor;

3552   Li rois se rest mis el retor.
Cil s'en vient; son mesage a fait
Perinis qui tant mal a trait
Por le servise a la roïne.

3556   Conme plus puet, et il chemine;
Onques un jor ne sejorna
Tant qu'il vint la don il torna.
Reconté a sa chevauchie

3560   A celi qui molt en fu lie,
Du roi Artur et de Tristran.
Cele nuit furent a Lidan.
    Cele nuit fu la lune dime.

3564   Que diroie? Li terme aprime
De soi alegier la roïne.
Tristran, li suens amis, ne fine,
Vestu se fu de mainte guise:

3568   Il fu en legne, sanz chemise;
De let burel furent les cotes
Et a quarreaus furent ses botes;   26 c

3537 departi M   3538 Bel ami M   3544 por uc (or ue) serai des
alentez. Corr. M   3558 don] d'ou M (cf. 3757)   3560 c. M] celui

Une chape de burel lee
3572   Out fait tallier, tote enfumee.
Affublez se fu forment bien,
Malade senble plus que rien;
Et nequeden si ot s'espee
3576   Entor ses flans estroit noee.
Tristran s'en part, ist de l'ostal
Celeement, a Governal,
Qui li enseigne et si li dit:
3580   'Sire Tristran, ne soiez bric;
Prenez garde de la roïne,
Qu'el n'en fera senblant et signe.'
'Maistre,' fait il, 'si ferai bien.
3584   Gardez que vos faciez mon buen;
Ge me criem molt d'aperchevance.
Prenez mon escu et ma lance,
Ses m'aportez et mon cheval
3588   Enreignez, mestre Governal;
Se mestier m'est, que vos soiez
Au pasage, prez, enbuschiez;
Vos savez bien le buen passage,
3592   Pieç'a que vos en estes sage.
Li cheval est blans conme flor;
Covrez le bien trestot entor,
Que il ne soit mes conneüz
3596   Ne de nul home aperceüz.
La ert Artus atot sa gent,
Et li rois Marc tot ensement.
Cil chevalier d'estrange terre
3600   Bohorderont por los aquerre;
Et, por l'amor Yseut m'amie,
I ferai tost une esbaudie.
Sus la lance soit le penon   26 d

3582 Qu'el M] Quil; n'en] ne M; et] ne M   3583 b. M] ie (cf. 2437)
3587 Ses M] Sel   3588-9 Lacuna M   3589 s. M] aiez with a
faint s prefixed above the line   3596 nul M] uiel (?)

3604   Dont la bele me fist le don.
        Mestre, or alez, pri vos forment
        Que le faciez molt sauvement.'
        Prist son henap et son puiot,
3608   Le congié prist de lui, si l'ot.
        Governal vint a son ostel,
        Son hernois prist, ainz ne fist el;
        Puis si se mist tost a la voie.
3612   Il n'a cure que nus le voie;
        Tant a erré qu(e) enbuschiez s'est
        Pres de Tristran, qui au Pas est.
        Sor la mote, au chief de la mare,
3616   S'asist Tristran sanz autre afaire.
        Devant soi fiche son bordon;
        Atachié fu a un cordon,
        A quei l'avet pendu al col.
3620   Entor lui sont li taier mol;
        Sor la mote forment se tret.
        Ne senbla pas home contret,
        Qar il ert gros et corporuz,
3624   Il n'ert pas nains, contrez, boçuz.
        La rote entent, la s'est asis.
        Molt ot bien bocelé son vis.
        Qant aucun passe devant lui,
3628   En plaignant disoit: 'Mar i fui!
        Ja ne quidai estre aumosnier
        Ne servir jor de cest mestier,
        Mais n'en poon or mais el faire.'
3632   Tristran lor fait des borses trere,
        Que il fait tant, chascun li done;
        Il les reçoit, que nus n'en sone.
        Tex a esté set anz mignon
3636   Ne set si bien traire guignon;

        3607-8 *appear between* 3574-5; *corr.* M   3616 Safist T.   3619
        au] an   3628 fui] sui M(*Gauchat*)   3634 que mot ne s. M

Meïsmes li corlain a pié
Et li garçon, li mains proisié,
Qui vont mangant par le chemin,
3640   Tristran, qui tient le chief enclin,   *27 a*
Lor aumosne por Deu lor quiert;
L'un l'en done, l'autre le fiert.
Li cuvert gars, li desfaé
3644   Mignon, herlot l'ont apelé.
Escoute Tristran, mot ne sone;
Por Deu, ce dit, le lor pardone.
Li corbel, qui sont plain de rage,
3648   Li font ennui, et il est sage;
Truant le claiment et herlot.
Il les convoie o le puiot,
Plus de quatorze en fait saignier,
3652   Si qu'il ne püent estanchier.
Li franc vaslet de bone orine
Ferlin ou maalle esterline
Li ont doné: il les reçoit.
3656   Il lor dit que il a toz boit:
Si grant arson a en son cors
A poine l'en puet geter fors.
Tuit cil qui l'oient si parler
3660   De pitié prenent a plorer ;
Ne tant ne quant pas nu mescroient
Qu'il ne soit ladres, cil quil voient.
Pensent vaslet et escuier
3664   Qu'il se hastent de soi logier
Et des tres tendre lor seignors,
Pavellons de maintes colors;
N'i a riche home n'ait sa tente.
3668   A plain erre, chemin et sente,

3637 c.] corlieu *M*   3638 m. *M*] plus (*cf.* 4171)   3643 c. g.
M (*Mussafia, Tobler*)] cunter (*or* cuuert?) gras   3647 c.] corlieu
M   3651 q.] q (*expuncted*) *before* ·xiiii·   3653 b. *M*] franc
3659 si] a   3664 h. de soi l. *M*(*Paris*)] hast de nus alegier

Li chevalier vienent aprés.
Molt a grant presse en cel marchés;
Esfondré l'ont, mos est li fans.

3672   Li cheval entrent jusq'as flans,
Maint en i chiet, qui que s'en traie.
Tristran s'en [r]ist, point ne s'esmaie,
Par contraire lor dit a toz: 27 b

3676   'Tenez vos reignes par les noz,
Si hurtez bien de l'esperon;
Par Deu, ferez de l'esperon,
Qu'il n'a avant point de taier.'

3680   Qant il pensent outre essaier,
Li marois font desoz lor piez.
Chascun qui entre est entaiez;
Qui(l) n'a hueses, s'en a soffrete.

3684   Li ladres a sa main fors traite;
Qant en voit un qui el tai voitre,
Adonc flavele cil a cuite.
Qant il le voit plus en fangoi,

3688   Li ladres dit: 'Pensez de moi,
Que Dex vos get fors du Mal Pas!
Aidiez a noveler mes dras.'
O sa botele el henap fiert,

3692   En estrange leu les requiert;
Mais il le fait par lecherie,
Qant or verra passer s'amie,
Yseut, qui a la crine bloie,

3696   Que ele an ait en son cuer joie.
Molt a grant noise en cel Mal Pas;
Li passeor sollent lor dras,
De luien puet l'om oïr les huz

3700   De ceus qui solle la paluz.
    Cil qui la passe n'est seürs.
Atant es vos le roi Artus;

3674. *Corr M*   3678 de l'e.] tot a bandon *M*   3680 p. estre
e., le p. e. *M(Paris) (cf. 4229)*   3694 p. *M*] parler   3696 an ait
M] auoit *(cf. 1403)*   3701 la *M*] les; s. *M*] seuez *(cf. 3273)*

Esgarder vient le passeor,
3704 O lui de ses barons plusor;
Criement que li marois ne fonde.
Tuit cil de la Table Reonde
Furent venu sor le Mal Pas,
3708 O escus fres, o chevaus cras,
De lor armes entreseignié.
Tuit sont covert, que mens que pié; 27 c
Maint drap de soie i ot levé.
3712 Bohordant vont devant le gé.
    Tristran connoisoit bien le roi
Artus, si l'apela a soi:
'Sire Artus, rois, je sui malades,
3716 Bociez, meseaus, desfaiz et fades;
Povre est mon pere, n'out ainz terre.
Ça sui venuz l'aumosne querre;
Molt ai oï de toi bien dire,
3720 Tu ne me doiz pas escondire.
Tu es vestu de beaus grisens
De Renebors, si con je pens;
Desoz la toile rencïene
3724 La toue char est blanche et plaine;
Tes janbes voi de riche(s) paile
Chaucies et o verte maile,
Et les sorchauz d'une escarlate.
3728 Rois Artus, voiz con je me grate?
J'ai les granz froiz, qui qu(e) ait les chauz.
Por Deu me donne ces sorchauz.'
Li nobles rois an ot pitié;
3732 Dui damoisel l'ont deschaucié.
L[i] malades les sorchauz prent,
Otot s'en vet isnelement,
Asis se rest sor la muterne.
3736 Li ladres nus de ceus n'esperne

3710 que m. *M*] et m.   3714 a *M*] o   3723 rentiene   **3731**
an ot *M*] auoit (*cf.* 2380)   3735 se *M*] se se

Qui devant lui sont trespassé;
Fins dras en a a grant plenté
Et les sorchauz Artus le roi.

3740 Tristran s'asist sor le maroi.
Qant il se fu iluec assis,
Li rois Marc, fiers et posteïs,
Chevaucha fort vers le taier.

3744 Tristran l'aqeut a essaier
S'il porra rien avoir du suen;   27 d
Son flavel sonë a haut suen,
A sa voiz roe crie a paine,

3748 O le nes fait subler l'alaine:
'Por Deu, roi Marc, un poi de bien!'
S'aumuce trait, si li dit: 'Tien,
F[re]re, met la ja sus ton chief;

3752 Maintes foiz t'a li tens fait g[r]ief.'
'Sire,' fait il, 'vostre merci!
Or m'avez vos de froit gari.'
Desoz la chape a mis l'aumuce,

3756 Qant qu'il puet la trestorne et muce.
'Dom es tu, ladres? fait li rois.
'De Carloon, filz d'un Galois.'
'Qanz anz as esté fors de gent?'

3760 'Sire, trois anz i a, ne ment.
Tant con je fui en saine vie,
Molt avoie cortoise amie,
Por lié ai je ces boces lees;

3764 Ces tartaries plain dolees
Me fait et nuit et jor soner
Et o la noisë estoner
Toz ceus qui je demant du lor

3768 Por amor Deu le criator.'
Li rois li dit: 'Ne celez mie:
Conment ce te donna t'amie?'

'Dans rois, ses sires ert meseaus,
3772 O lié faisoie mes joiaus,
Cist maus me prist de la comune;
Mais plus bele ne fu que une.
'Qui est ele?' 'La bele Yseut;
3776 Einsi se vest con cele seut.'
Li rois l'entent, riant s'en part.
Li rois Artus de l'autre part
En est venuz, qui bohordot;
3780 Joios se fist, que plus ne pout.
Artus enquist de la roïne.
'El vient,' fait Marc, 'par la gaudine,
Dan roi, ele vient o Andret;
3784 De lié conduire s'entremet.'
Dist l'un a l'autre: 'Ne sai pas
Conment isse de cest Mal Pas.
Or eston ci, si prenon garde.'
3788 Li troi felon, qui mal feu arde,
Vindrent au gué, si demanderent
Au malade par ont passerent
Cil qui mains furent entaié.
3792 Tristran a son puiot drecié
Et lor enseigne un grant molanc:
'Vez la cel torbe aprés cel fanc,
La est li droiz asseneors;
3796 G'i ai veü passer plusors.'
    Li felon entrent en la fange;
La ou li ladres lor enseigne,
Fange troverent a mervelle
3800 Desi q'as auves de la selle;
Tuit troi chïent a une flote.
Li malade fu sus la mote,
Si lor cria: 'Poigniez a fort,
3804 Se vos estes de tel tai ort.

3773 c. *M*] couine   3783 ou A. *M*] orendroit   3800 auves *M*] leues

I

Alez, seignor! Par saint apostre,
Si me done chascun du vostre!'
Li cheval fonde[n]t el taier;

3808 Cil se prenent a esmaier,
Qar ne trovent rive ne fonz.
Cil qui bohordent sor le mont
Sont acoru isnelement.

3812 Oiez du ladre com il ment:
'Seignors,' fait il a ces barons,
'Tenez vos bien a vos archons;
Mal ait cil fans qui si est mos!   28 b

3816 Ostez ces manteaus de vos cox,
Si braçoiez parmié le tai;
Je vos di bien, que tres bien sai,
G'i ai hui veü gent passer.'

3820 Qui donc veïst henap casser!
Qant li ladres le henap loche,
O la coroie fiert la boche
Et o l'autre des mains flavele.

3824 Atant es vos Yseut la bele;
El taier vit ses ainemis,
Sor la mote sist ses amis;
Joie en a grant, rit et envoise,

3828 A pié decent sor la faloise.
    De l'autre part furent li roi
Et li baron qu'il ont o soi,
Qui esgardent ceus du taier

3832 Torner sor coste et ventrellier;
Et li malades les argüe:
'Seignors, la roïne est venue
Por fere son aresnement;

3836 Alez oïr cel jugement.'
Poi en i a joie n'en ait.
Oiez del ladre, du desfait,
Dono[a]len met a raison:

3840 'Pren t'a la main a mon baston,

3823 f. M] flatele (or flacele)   3835 a.] desresnement M

Tire a deus poinz molt durement.'
Et cil li tent tot maintenant.
Le baston li let li degiez;
3844   Ariere chiet, tot est plungiez,
N'en vit on fors le poil rebors.
Et qant il fu du tai trait fors,
Fait li malades: 'N'en poi mes:
3848   J'ai endormi jointes et ners,
Les mains gourdes por le mal d'Acre,
Les piez enflez por le poacre;   28 c
Li maus a enpiriez ma force,
3852   Ses sont mi braz com une escorce.'
    Dinas estoit o la roïne,
Aperçut soi, de l'uiel li cline,
Bien sout Tristran ert soz la chape;
3856   Les trois felons vit en la trape;
Molt li fu bel et molt li plot
De ce qu'il sont en lait tripot.
A grant martire et a dolor
3860   Sont issu li encuseor
Du taier defors; a certain,
Ja ne seront mais net sanz bain;
Voiant le pueple, se despollent,
3864   Li dras laisent, autres racuellent.
Mais or oiez du franc Dinas,
Qui fu de l'autre part du Pas;
La roïne met a raison:
3868   'Dame,' fait il, 'cel siglaton
Estera ja forment laidiz;
Cist garez est plain de rouïz.
Marriz en sui, forment m'en poise,
3872   Se a vos dras poi en adoise.'
    Yseut rist, qui n'ert pas coarde,

3843 Li b. li let tot tegrez (or regrez). Corr. M(Paris) (cf. 393?)
3849 pr le mal dagres. Corr. M, who reads pt for pr   3850 p.
M] poacres   3851 enpirié M   3864 Li] Lor M   3872 poi en]
posen, point en M (Tobler)

De l'uel li guigne, si l'esgarde;
Le penser sout a la roïne.
3876   Un poi aval, lez une espine,
Torne a un gué lui et Andrez,
Ou trepasserent auques nez.
De l'autre part fu Yseut sole.
3880   Devant le gué fu grant la fole
Des deus rois et de lor barnage.
Oiez d'Yseut com el fu sage!
Bien savoit que cil l'esgardoient
3884   Qui outre le Mal Pas estoient.
Ele est au palefroi venue,
Prent les langues de la sanbue,
Ses noua desus les arçons;
3888   Nus escuiers ne nus garçons
Por le taier mex nes levast
Ne ja mex nes aparellast.
Le lorain boute soz la selle,
3892   Le poitral oste Yseut la bele,
Au palefroi oste son frain;
Sa robe tient en une main,
En l'autre la corgie tint;
3896   Au gué o le palefroi vint,
De la corgie l'a feru,
Et il passe outre la palu.
    La roïne out molt grant esgart
3900   De ceus qui sont de l'autre part.
Li roi prisié s'en esbahirent,
Et tuit li autre qui le virent.
La roïne out de soie dras;
3904   Aporté furent de Baudas,
Forré furent de blanc hermine;
Mantel, bliaut, tot li traïne.
Sor ses espaules sont si crin,
3908   Bendé a ligne sor or fin;

28 d

Un cercle d'or out sor son chief,
Qui empare de chief en chief,
Color rosine, fresche et blanche.
3912 Einsi s'adrece vers la planche:
'Ge vuel avoir a toi afere.'
'Roïne franche, debonere,
A toi irai sanz escondire,
3916 Mais je ne sai que tu veus dire.'
'Ne vuel mes dras enpalüer;
Asne seras de moi porter
Tot souavet par sus la planche.'
3920 'Avoi!' fait il, 'roïne franche,   29 a
Ne me requerez pas tel plet:
Ge sui ladres, boçu, desfait.'
'Cuite,' fait ele, 'un poi t'arenge.
3924 Quides tu que ton mal me prenge?
N'en aies doute, non fera.'
'A! Dex,' fait il, 'ce que sera?
A lui parler point ne m'ennoie.'
3928 O le puiot sovent s'apoie.
'Diva! malades, molt es gros!
Tor la ton vis et ça ton dos;
Ge monterai conme vaslet.'
3932 Et lors s'en sorrist li deget,
Torne le dos, et ele monte;
Tuit les gardent, et roi et conte.
Ses cuises tient sor son puiot;
3936 L'un pié sorlieve et l'autre clot,
Sovent fait senblant de choier,
Grant chiere fait de soi doloir;
Yseut la bele chevaucha,
3940 Janbe deça, janbe dela.
Dist l'un a l'autre: 'Or esgardez

3919 sus M] soz   3922 b.] bociez M (cf. 3624, 3716)   3923
t'a.] Read ça renge (?)   3927 lui] li M   3930 Ton vis la torne et
M   3932 d. M] degret (cf. 3843)   3935 sor M] soz (?)

. . . .
Vez la roïne chevauchier

3944 Un malade qui set clochier;
Pres qu'il ne chiet de sor la planche,
Son puiot tient desor sa hanche.
Alon encontre cel mesel

3948 A l'issue de cest gacel.'
La corurent li damoisel
. . . .
Li rois Artus cele part torne,

3952 Et li autre trestot a orne.
Li ladres ot enclin le vis,
De l'autre part vint el païs.
Yseut se lait escolorgier.

3956 Li ladres prent a reperier,   *29 b*
Au departir li redemande,
La bele Yseut, anuit viande.
Artus dist: 'Bien l'a deservi;

3960 Ha! roïne, donez la li!'
Yseut la bele dist au roi:
'Par cele foi que je vos doi,
F(r)orz truanz est, asez en a,

3964 Ne mangera hui ce qu'il a;
Soz sa chape senti sa guige.
Rois, s'aloiere n'apetiche;
Les pains demiés et les entiers

3968 Et les pieces et les quartiers
Ai bien parmié le sac sentu;
Viande a, si est bien vestu.
De vos sorchauz, s'il les veut vendre,

3972 Puet il cinc soz d'esterlins prendre;
Et de l'aumuce mon seignor
Achat bien lit, si soit pastor,

3942 *Line missing in MS*   3944 set] seut *M*   3945 sor *M (Paris)*]
soz   3946 desor *M (Paris)*] de soz   3950 *Line missing in MS*
3957 li] il *M*   3960 li] lui *M*   3966 s'a. n'a. *M*] saloier nest pas
petite   3974 si s. p.] et covertor *M*

Ou un asne qui past le tai.

3976 Il est herlot, si que jel sai.

Hui a suï bone pasture,

Trové a gent a sa mesure.

De moi n'en portera qui valle

3980 Un sol ferlinc n'une maalle.'

Grant joie en meinent li dui roi.

Amené ont son palefroi,

Montee l'ont; d'iluec tornerent.

3984 Qui ont armes, lor bohorderent.

Tristran s'en vet du parlement,

Vient a son mestre, qui l'atent.

Deus chevaus riches de Castele

3988 Ot amené, o frain, o sele,

Et deus lances et deus escuz;

Molt les out bien desconneüz.

Des chevaliers que vos diroie?

3992 Une guinple blanche de soie   29 c

Out Governal sor son chief mise;

N'en pert que l'uel en nule guise.

Arire s'en torne le pas,

3996 Molt par out bel cheval et cras.

Tristran rot le Bel Joëor,

Ne puet on pas trover mellor.

Coste, silie, destrier et targe

4000 Out covert d'une noire sarge;

Son vis out covert d'un noir voil,

Tot ot covert et chief et poil;

A sa lance ot l'enseigne mise

4004 Que la bele li ot tramise.

Chascun monte sor son destrier,

Chascun out çaint le brant d'acier;

Einsi armé, sor lor chevaus,

3975 p. *M*] port   3976 que] con *M*   3978 m. *M*] mesire
3992 Une *M*] Dune (*cf.* 2449)   3999 Cote, sele *M*   4000 s *M*]
targe   4001 voile *with* e *expuncted*   4002 ot *M*] ait   4003 A
M] Que

4008　Par un vert pré, entre deus vaus,
　　　Sordent sus en la Blanche Lande.
　　　Gauvains, li niés Artus, demande
　　　Gerflet: 'Vez en la deus venir,
4012　Qui molt vienent de grant aïr.
　　　Nes connois pas; ses tu qu'il sont?'
　　　'Ges connois bien,' Girflet respont,
　　　'Noir cheval a et noire enseigne,
4016　Ce est li Noirs de la Montaigne.
　　　L'autre connois as armes vaires,
　　　Qar en cest païs n'en a gaires.
　　　Il so[n]t faé, gel sai sanz dote.'
4020　Icil vindrent fors de la rote,
　　　Les escus pres, lances levees,
　　　Les enseignes as fers fermees;
　　　Tant bel portent lor garnement
4024　Conme s'il fusent né dedenz.
　　　Des deus parolent assez plus
　　　Li rois Marc et li rois Artus
　　　Qu'il ne font de lor deus conpaignes,　　　*29 d*
4028　Qui sont laïs es larges plaignes.
　　　Es rens perent li dui sovent,
　　　Esgardé sont de mainte gent;
　　　Parmié l'angarde ensenble poignent,
4032　Mais ne trovent a qui il joigne[n]t.
　　　La roïne bien les connut;
　　　A une part du renc s'estut,
　　　Ele et Brengain. Et Andrez vint
4036　Sor son destrier, ses armes tint;
　　　Lance levee, l'escu pris,
　　　A Tristran saut en mié le vis.
　　　Nu connoisoit de nule rien,
4040　Et Tristran le connoisoit bien;
　　　Fiert l'en l'escu, en mié la voie

4017 v. *M(Paris)*] uoires　　　4022 as *M*] au　　　4023 garnemenz *M*
4033 La] Ja

L'abat et le braz li peçoie.
Devant les piez a la roïne.
4044 Cil jut sanz lever sus l'eschine.
Governal vit le forestier
Venir des tre[s] sor un destrier,
Qui vout Tristran livrer a mort
4048 En sa forest, ou dormoit fort.
Gran[t] aleüre a lui s'adrece,
Ja ert de mort en grant destrece.
Le fer trenchant li mist el cors,
4052 O l'acier bote le cuir fors.
Cil chaï mort, si c'onques prestre
N'i vint a tens ne n'i pot estre.
Yseut, qui ert et franche et sinple,
4056 S'en rist doucement soz sa ginple.
Gerflet et Cinglor et Ivain,
Tolas et Coris et Vauvain
Virent laidier lor conpaigno[n]s.
4060 'Seignors,' fait Gaugains, 'que ferons?
Li forestier gist la baé.
Saciez que cil dui sont faé: *30 a*
Ne tant ne quant nes connoison[s];
4064 Or nos tienent il por bricons.
Brochons a eus, alon les prendre.'
'Qui(e)s nos porra,' fait li rois, 'rendre,
Molt nos avra servi a gré.'
4068 Tristran se trait aval au ge
Et Governal, outre passerent.
Li autre sirre nes oserent,
En pais remestrent, tuit estroit,
4072 Bien penserent fantosme soit;
As herberges vuelent torner,
Qar laisié ont le bohorder.

4044 fin (*or* fui) *deleted between* lever *and* sus   4065 alons les p.
M] si les pernons   4066 nos] uos; r. M] prendre   4071 e.] destroit
M(*Paris*)

Artus la roïne destroie,

4076   Molt li senbla brive la voie

. . . .

Qui la voie aloignast sor destre.
Decendu sont a lor herberges.

4080   En la lande ot assez herberges;
Molt en costerent li corbel.
En leu de jonc et de rosel,
Glagié avoient tuit lor tentes.

4084   Par chemins vienent et par sentes;
La Blanche Lande fu vestue,
Maint chevalier i out sa drue.
Cil qui la fu enz en la pree

4088   De maint grant cerf ot la menee;
La nuit sejornent a la lande.
Chascun rois sist a sa demande;
Qui out devices n'est pas lenz,

4092   Li uns a l'autre fait presenz.

Ly rois Artus, aprés mengier,
Au tref roi Marc vait cointoier,
Sa privee maisnie maine.

4096   La ot petit de dras de laine,
Tuit li plusor furent de soie;
Des vesteüres que diroie?   *30 b*
De laine i out, ce fu en graine,

4100   Escarlate cel drap de laine;
Molt i ot gent de riche ator,
Nus ne vit deus plus riches corz;
Mestier nen est dont la nen ait.

4104   Es pavellons ont joie fait;

4076 briue *or* breue   4077 *Line missing in MS*   4078 Qui] Que
M   4081 cordel M   4079-80 *Lacuna or corruption* M   4082
j. M] lonc   4083 G. a. tuit M] Logie auoit totes   4086 sa
d. M] uestue   4087 p.] p⁷lace *with* la *expuncted*   4089 a] an M
4095 maisni'en maine M   4098 v. M(*Michel*)] uoteures   4099
De laine? Qui out dras de laine, M   4100 E. ce fu en graine. M
4101 i ot] ot M; riches atorz M   4102 ne M] ni; c. M] cort
4103 M. M] Maistre (*cf.* 1767)

La nuit devisent lor afaire,
Conment la franche debonere
Se doit deraisnier de l'outrage,
4108   Voiant les rois et lor barnage.

Couchier s'en vait li rois Artus
O ses barons et o ses druz.
Maint calemel, mainte troïne,
4112   Qui fu la nuit en la gaudine
Oïst an pavellon soner.
Devant le jor prist a toner
A fermeté, fu de chalor.
4116   Les gaites ont corné le jor;
Par tot conmencent a lever,
Tuit sont levé sanz demorer.

Li soleuz fu chauz sor la prime,
4120   Choiete fu et nielle et frime.
Devant les tentes as deus rois
Sont asenblé Corneualois;
N'out chevalier en tot le reigne
4124   Qui n'ait o soi a cort sa feme.
Un drap de soie a paile bis
Devant le tref au roi fu mis,
Ovrez fu en bestes, menuz;
4128   Sor l'erbe vert fu estenduz.
Li dras fu achaté en Niques.
En Cornoualle n'ot reliques
En tresor ne en filatieres,
4132   En aumaires n'en autres bieres,
En fiertres n'en escrinz n'en chases,   *30 c*
En croiz d'or ne d'argent n'en mases,
Sor le paile(s) les orent mises,
4136   Arengies, par ordre asises.

Li roi se traient une part,

4107 l'o. *M*] lenseigne   4112 fu] fust *M*   4116 o. c. *M*] ot
corner   4125 a] un *M*   4132 b. *M*] ceres   4134 mases
with m *written over* p(?)

Faire i volent loial esgart.
Li rois Artus parla premier,
4140 Qui de parler fu prinsautier:
'Rois Marc,' fait il, 'qui te conselle
Tel outrage si fait mervelle;
Certes,' fait il, 'sil se desloie.
4144 Tu es legier a metre en voie,
Ne doiz croire parole fause;
Trop te fesoit amere sause
Qui parlement te fist joster;
4148 Molt li devroit du cors coster
Et ennuier, qui voloit faire.
La franche Yseut, la debonere,
Ne veut respit ne terme avoir.
4152 Cil püent bien de fi savoir,
Qui vendront sa deresne prendre,
Que ges ferai encore pendre,
Qui la reteront de folie
4156 Pus sa deresne, par envie;
Digne seroient d'avoir mort.
Or oiez, roi: qui ara tort,
La roïne vendra avant,
4160 Si qel verront petit et grant,
Et si jurra o sa main destre,
Sor les corsainz, au roi celestre
Qu'el onques n'ot amor conmune
4164 A ton nevo, ne deus ne une,
Que l'en tornast a vilanie,
N'amor ne prist par puterie.
Dan Marc, trop a ice duré;
4168 Qant ele avra eisi juré,   *30 d*
Di tes barons qu'il aient pes.'
'Ha! sire Artus, q'en pus je mes?
Tu me blasmes, et si as droit,

4145 d. c. *M*] doit trouer   4146 f. *M*] feroit (*cf.* 78)   4171 d.
M(Michel)] tort

4172 Quar fous est qui envieus croit;
Ges ai creüz outre mon gré.
Se la deraisne est en cel pré,
Ja n'i avra mais si hardiz,
4176 Se il aprés les escondiz
En disoit rien se anor non,
Qui n'en eüst mal gerredon.
Ce saciez vos, Artus, frans rois,
4180 C'a esté fait, c'est sor mon pois.
Or se gardent d'ui en avant!'
Li consel departent atant.
　　Tuit s'asistrent par mié les rens,
4184 Fors les deus rois; c'est a grant sens:
Yseut fu entre eus deus as mains.
Pres des reliques fu Gauvai[n]s;
La mesnie Artus, la proisie,
4188 Entor le paile est arengie.
Artus prist la parole en main,
Qui fu d'Iseut le plus prochain:
'Entendez moi, Yseut la bele,
4192 Oiez de qoi on vos apele:
Que Tristran n'ot vers vos amor
De puteé ne de folor
Fors cele que devoit porter
4196 Envers son oncle et vers sa per.'
　　'Seignors,' fait el, 'por Deu merci,
Saintes reliques voi ici.
Or escoutez que je ci jure,
4200 De quoi le roi ci aseüre:
Si m'aït Dex et saint Ylaire,
Ces reliques, cest saintuaire,
Totes celes qui ci ne sont　　　　　　*31 a*
4204 Et tuit icil de par le mont,
Q'entre mes cuises n'entra home,

4172 f. *M*] felons *with* el *expuncted*　4183 T. *M*] Quit　4186 fu
M] fait　4187 la *M*] le　4202 cist *M*　4204 i. *M*] celes

Fors le ladre qui fist soi some,
Qui me porta outre les guez,
4208   Et li rois Marc mes esposez;
Ces deus ost de mon soirement.
Ge n'en ost plus de tote gent;
De deus ne me pus escondire:
4212   Du ladre, du roi Marc, mon sire.
Li ladres fu entre mes janbes
. . . .
Qui voudra que je plus en face,
4216   Tote en sui preste en ceste place.'
        Tuit cil qui l'ont oï jurer
Ne püent pas plus endurer.
'Dex!' fait chascuns, 'si fiere en jure!
4220   Tant en a fait aprés droiture!
Plus i a mis que ne disoient
Ne que li fel ne requeroient;
Ne li covient plus escondit
4224   Q'avez oï, grant et petit,
Fors du roi et de son nevo.
Ele a juré et mis en vo
Q'entre ses cuises nus n'entra
4228   Que li meseaus qui la porta
Ier, endroit tierce, outre les guez,
Et li rois Marc, ses esposez.
        Mal ait jamais l'en mesquerra!'
4232   Li rois Artus en piez leva,
Li roi Marc a mis a raison,
Que tuit l'oïrent li baron:
'Rois, la deraisne avon veüe
4236   Et bien oïe et entendue.
Or esgardent li troi felon,

4206 soi *M*(*Mussafia*)] sor   4208 e. M] esporez   4214 *Line missing in MS*   4219 c.] chascune; en] a *M*   4225 Du roi Marc et *M*   4229 o. M] entre (*cf.* 3680)   4232 rois M] mes   4233 Li] Le *M*   4235 oie (*deleted*) *before* veue

Donoalent et Guenelon,
Et Goudoïne li mauvés,

4240 Qu(e) il ne parolent sol jamés.
Ja ne seront en cele terre
Que m'en tenist ne pais ne gerre,
Des que j'orroie la novele
4244 De la roïne Yseut la bele,
Que n'i allons a esperon,
Lui deraisnier par grant raison.'
'Sire,' fait el, 'vostre merci!'
4248 Molt sont de cort li troi haï.
Les corz departent, si s'en vont.
Yseut la bele o le chief blont
Mercie molt le roi Artur.
4252 'Dame,' fait il, 'je vos asur:
Ne troverez mais qui vos die,
Tant con j'aie santé ne vie,
Nis une rien se amor non;
4256 Mal le penserent li felon.
Ge prié le roi vostre seignor,
Et feelment, molt par amor,
Que mais felon de vos ne croie.'
4260 Dist li roi Marc: 'Se gel faisoie
D'or en avant, si me blasmez.'
Li uns de l'autre s'est sevrez,
Chascun s'en vient a son roiaume;
4264 Li rois Artus vient a Durelme,
Rois Marc remest en Cornoualle.
Tristran sejorne, poi travalle.
    Li rois a Cornoualle en pes,
4268 Tuit le criement et luin et pres;
En ses deduiz Yseut en meine,
De lié amer forment se paine.

4240 ne] n'en *M*   4242 Que m'en t. *M*] Quil maintenist (*cf.* 2690)
4246 Lui] Li *M*   4252 jos aseür *M*   4255 une] nue *with titulus in paler ink above* u

Mais, qui q'ait pais, li troi felon

4272   Sont en esgart de traïson.

A eus fu venue une espie,

Qui va querant changier sa vie.   *31 c*

'Seignors,' fait il, 'or m'entendez;

4276   Se je vos ment, si me pendez.

Li rois vos sout l'autrier malgré

Et vos en acuelli en hé,

Por le deraisne sa mollier.

4280   Pendre m'otroi ou essillier,

Se ne vos mostre apertement

Tristran, la ou son aise atent

De parler o sa chiere drue;

4284   Il est repost, si sai sa mue.

Tristran set molt de Malpertis;

Qant li rois vait a ses deduis,

En la chanbre vet congié prendre;

4288   De moi faciez en un feu cendre,

Se vos alez a la fenestre

De la chanbre, derier' a destre,

Se n'i veez Tristran venir,

4292   S'espee çainte, un arc tenir,

Deus seetes en l'autre main;

Enuit verrez venir, par main.'

'Conment le sez?' 'Je l'ai veü.'

4296   'Tristran?' 'Je, voire, et conneü.'

'Qant i fu il?' 'Hui main l'i vi.'

'Et qui o lui?' 'Cil son ami.'

'Ami? Et qui?' 'Dan Governal.'

4300   'Ou se sont mis?' 'En haut ostal

Se deduient.' 'C'est chiés Dinas?'

'Et je que sai?' 'Il n'i sont pas

4277 l'a. *M*] laut⁷   4285–6 *Interverted. M keeps order of MS
and assumes lacuna between* 4285–6   4285 Malpertuis *M*   4286
ses d.] son deduis (*with final* s *corrected from* t)   4294 v. v.] l'i
verrez ou *M*   4298 Cel *M*   4300 Ou *M*] Quil

Sanz son seü!' 'Asez puet estre.'

4304 'Ou verro[n] nos?' 'Par la fenestre
De la chanbre; ce est tot voir.
Se gel vos mostre, grant avoir
En doi avoir, quant l'en ratent.'

4308 'Nomez l'avoir.' 'Un marc d'argent.'   *31 d*
'Et plus assez que la pramesse,
Si vos aït iglise et messe;
Se tu mostres, n'i puez fallir

4312 Ne te façon amanantir.'
'Or m'entendez,' fait li cuvert, . . .
'Et un petit pertus overt
Endroit la chanbre la roïne;

4316 Par dedevant vet la cortine.
Triés la chanbrë est grant la doiz
Et bien espesse li jagloiz.
L'un de vos trois i aut matin;

4320 Par la fraite du nuef jardin
Voist belement tresque au pertus;
Fors la fenestre n'i aut nus.
Faites une longue brochete,

4324 A un coutel, bien agucete;
Poigniez le drap de la cortine
O la broche poignant d'espine;
La cortine souavet sache

4328 Au pertuset, c'on ne l'estache,
Que tu voies la dedenz cler,
Qant il venra a lui parler.
S'issi t'en prenz sol trois jorz garde,

4332 Atant otroi que l'en m'en arde,
Se ne veez ce que je di.'
Fait chascun d'eus: 'Je vos afi

4307 l'en r. *M*] leuratin   4310 vos] nos *M*   4313-4 *Lacuna M*
4314 p. *M*] fenestre; un] ·i· (*cf.* 4321, 4328)   4317 c. *M*] clanbre
4322 n'i a plus *M*   4324 agüete *M*(*Paris*)   4330 lui] li *M*
4331 Se il si tenpnz sol t. i. iarde. *Corr. M*

K

A tenir nostre covenant.'
4336   L'espie font aler avant.
 Lors devisent li qeus d'eus trois
Ira premier voier l'orlois
Que Tristran a la chanbre maine
4340   O celié qui seue est demeine;
Otroié ont que Goudoïne
Ira au premerain termine.
Departent soi, chascun s'en vet,
4344   Demain savront con Tristran sert.   *32 a*
Dex! la franche ne se gardoit
Des felons ne de lor tripot.
Par Perinis, un suen prochain,
4348   Avoit mandé que l'endemain
Tristran venist a lié matin;
Li rois iroit a Saint Lubin.
Oez, seignors, quel aventure!
4352   L'endemain fu la nuit oscure;
Tristran se fu mis a la voie
Par l'espesse d'un' espinoie.
A l'issue d'une gaudine
4356   Garda, vit venir Gondoïne;
Et s'en venoit de son recet.
Tristran li a fet un aget,
Repost se fu a l'espinoi.
4360   'Ha! Dex,' fait il, 'regarde moi,
Que cil qui vient ne m'aperçoive
Tant que devant moi le reçoive!'
En sus l'atent, s'espee tient.
4364   Goudoïne autre voie tient;
Tristran remest, a qui molt poise;
Ist du buison, cele part toise,
Mais por noient; quar cil s'esloigne,
4368   Qui en fel leu a mis sa poine.
Tristran garda au luien, si vit—

4339 a] an *M* 4359 a] an *M*

Ne demora que un petit—
Denoalan venir anblant,

4372 O deus levriers, mervelles grant;
Afustez est a un pomier.
Denoalent vint le sentier
Sor un petit palefroi noir;

4376 Ses chiens out envoié mover
En une espoise un fier sengler.
Ainz qu'il le puisen[t] desangler,
Avra lor mestre tel colee   *32 b*

4380 Que ja par mire n'ert sanee.
    Tristran li preuz fu desfublez.
Denoalen est tost alez;
Ainz n'en sout mot, quant Tristran saut.

4384 Fuïr s'en veut, mais il i faut;
Tristran li fu devant trop pres,
Morir le fist. Q'en pout il mes?
Sa mort queroit; cil s'en garda,

4388 Que le chief du bu li sevra.
Ne li lut dire; 'Tu me bleces.'
O l'espee trencha les treces,
En sa chauce les a boutees,

4392 Qant les avra Yseut mostrees,
Qu'ele l'en croie qu'il l'a mort.
D'iluec s'en part Tristran a fort.
    'Ha! las,' fait il, 'qu(e) est devenuz

4396 Goudouïnë—or s'est toluz—
Que vi venir orainz si tost?
Est il passez? Ala tantost?
S'il m'atendist, savoir peüst

4400 Ja mellor gerredon n'eüst
Que Do[n]alan, le fel, en porte,
Qui j'ai laisié la teste morte.'
Tristran laise le cors gesant

4394 a] an *M*   4398 Ala] par la *M*   4401 Que D.] Donoalan
M; en] n'en *M*

4404   Enmié la lande, envers, sanglent.
         Tert s'espee, si l'a remise
         En son fuerre, sa chape a prise,
         Le chaperon el chief sei met,
4408   Sor le cors un grant fust atret,
         A la chanbre sa drue vint.
         Mais or oiez con li avint:
         Goudoïne fu acoruz
4412   Et fu ainz que Tristran venuz.
         La cortine ot dedenz percie;
         Vit la chanbre, qui fu jonchie,   *32 c*
         Tot vit quant que dedenz avoit,
4416   Home fors Perinis ne voit.
         Brengain i vint, la damoisele,
         Ou out pignié Yseut la bele;
         Le pieigne avoit encor o soi.
4420   Le fel qui fu a la paroi
         Garda, si vit Tristran entrer,
         Qui tint un arc d'aubor anter,
         En sa main tint ses deus seetes,
4424   En l'autre deus treces longuetes;
         Sa chape osta, pert ses genz cors.
         Iseut, la bele o les crins sors,
         Contre lui lieve, sil salue.
4428   Par sa fenestre vit la nue
         De la teste de Gondoïne.
         De grant savoir fu la roïne,
         D'ire tresue sa persone.
4432   Yseut Tristran en araisone:
         'Se Dex me gart,' fait il, 'au suen,
         Vez les treces Denoalen;
         Ge t'ai de lui pris la venjance,
4436   Jamais par lui escu ne lance
         N'iert achatez ne mis en pris.'
         'Sire,' fait ele, 'ge q'en puis?

4422 anter] ancer, Li ber *M*   4432 Tristrans *M*

	Mes prié vos que cest arc tendez,
4440	Et verron com il est bendez.'
	Tristran l'estent, si s'apensa,
	Oiez! en son penser tensa;
	Prent s'entente, si tendi l'arc.
4444	Enquiert noveles du roi Marc;
	Yseut l'en dit ce qu'ele en sot.

. . . .

	S'il en peüst vis eschaper,	
4448	Du roi Marc et d'Iseut sa per	
	Referoit sordre mortel gerre.	
	Cil, qui Dex doinst anor conquerre,	*32 d*
	L'engardera de l'eschaper.	
4452	Yseut n'out cure de gaber:	
	'Amis, une seete encorde,	
	Garde du fil qu'il ne retorde:	
	Je voi tel chose dont moi poise;	
4456	Tristran, de l'arc nos pren ta toise.'	
	Tristran s'estut, si pensa pose,	
	Bien soit q'el voit aucune chose	
	Qui li desplaist; garda en haut,	
4460	Grant poor a, trenble et tresaut	
	Contre le jor, par la cortine,	
	Vit la teste de Godoïne:	
	'Ha! Dex, vrai roi, tant riche trait	
4464	Ai d'arc et de seete fait;	
	Consentez moi que cest ne falle!	
	Un des trois feus de Cornoualle	
	Voi, a grant tort, par la defors.	
4468	Dex, qui le tuen saintisme cors	
	Por le pueple meïs a mort,	
	Lai moi venjance avoir du tort	
	Que cil felon muevent vers moi!'	
4472	Lors se torna vers la paroi,	

4441 l'e.] sestent   4446 *Line missing*   4454 ne r. *M* (*Paris*)]
ne temorde   4465 que] qu'a *M*   4472 Lors se t. *M*] Lors atornera;
le roi (*deleted*) *between* vers *and* paroi

Sovent ot entesé, si trait.
La seete si tost s'en vait
Riens ne peüst de lui gandir;
4476   Par mié l'uel la li fait brandir,
Trencha le test et la cervele;
Esmerillons ne arondele
De la moitié si tost ne vole;
4480   Se ce fust une pome mole,
N'issist la seete plus tost.
Cil chiet, si se hurte a un post,
Onques ne piez ne braz ne mut;
4484   Seulement dire ne li lut:
'Bleciez sui! Dex! confession
. . . .

4475 lui] li *M*   4485 *This line appears at the foot of the page as catch-word for the following quire.*

GLOSSARY

THE Glossary is selective. It omits all words which have persisted in modern French with meaning unchanged and with form unchanged except for the following orthographic or phonetic changes and scribal variations: *ai—e—ei; ei—oi; ier—er; -el— -eau; eü—u; en—an; o—ou, oeu, eu, ue; ill—ll; ign—gn; j—g; g—gu; q—qu; mb—nb; com—con; -m— -n; -nt— -nd; -s—-cs,-fs,-ps; -s—-z; sf—ff;* fluctuation in the use of initial *h-;* loss of praeconsonantal *s* and of final *-s* or *-z;* confusion of double and single consonants; scribal *-oier* for *-eoir.* Cross-references are not normally given for the above variations, and they are not exhaustive except for words of special interest. Verbal forms, when they are not isolated, are given under the infinitive. When the latter is not followed immediately by a line-reference, it is an indication that the form of the infinitive is not actually found in the text. Flexional forms which are regular and merely presuppose an elementary knowledge of Old French morphology are omitted.

a, *prep.* I replacing dative: to (ind. obj.) 105; by (agent) 479; of (possession) 694; with 1271; II local: at, on, in, by the side of 129, 261, 317, 360, 491, 570, 711, 765, 772, 805 (cf. Intro. p. xii); to (motion towards lit. and fig.) 34, 161; III temporal: at, on, in (time when) 7, 411; IV modal: with, in, according to (manner) 108, 240, 317, 668, 1246; cf. **celé, esscïent, estros, fais, laidor, voir**; in the manner (or capacity) of 162 (?), 2308, 2670; by, with (accompanying circumstance) 736, 1574; with (instrument) 275, 654, 944, 992; with, in response to (cause) 747, 1259; by reference to, in the case of 1463; of (material) 1982; V final: for (purpose) 662, 1373; (+ inf.) 120, 1270, 1296; cf. **acuellir, prendre, prover, tenir**. For *au, as*, cf. li.

aaisement, *sm.* comfort 1786.

abit 2268, **habit** 2342, *sm.* dwelling.

abiter 490, *v.a.* touch, approach.

achater; *subj. pr.* 3 **achat** 3974: *v.a.* buy.

aclore; *pp.* **aclox** 654: *v.a.* close.

acoragiez, *pp. adj.* minded, determined 1951.

acorde, *sf.* reconciliation 2746.

acordement, *sm.* reconciliation 2225.

acorder; *subj. pr.* 3 **acort** 2322: *v.a.* reconcile 359; *v. refl.* (+ *a* or *o*) become reconciled with 2015, 3415.

acorocier 789, *v.a.* anger.

acoster, *v. refl.* (+ *a*) lean against 1694.

acouter, *v. refl.* lean upon one's elbows 3123.

acroire; *ind. pr. 3* acroit 2742: *v.* buy on credit.

acuellir; *ind. pr. 3* aqeut 1528; *imper,* 5 acuelliez 990; *pret. 3* acuelli 4278: *a. a* (+ inf.) begin to 1250, 1620, 3744; *a. ire* become angry 990; *a. une chariere* come upon, enter a road, 1528; *a. un cerf* pursue a stag 2153; *a. en hé* conceive hatred for 4278.

adesentir; *pp.* adesentu 3191: *v.a.* touch, test.

adeser; *ind. pr. 3* adoise 3872; *subj. pr. 1* adoise 208(?): *v.a.* touch.

adonc, *adv.* then 1212.

adoner, *v. refl.* lead 3374.

adouber, *v.a.* dub (a knight) 3009.

adous, *obl. pl.* of adob, *sm.* arms, equipment [138].

adrecier, *v. refl.* go forward, make for 3912.

aerdre; *pp.* aers 1198: *v.* adhere.

aeschariz, *adj.* unescorted 3162.

afaitier, *v.a.* train 1579; make ready 1607; school 3458.

affubler, *v. refl.* disguise oneself 3573.

afichier, *v. refl.* declare 3270.

afïer; *ind. pr. 1* afi 1913: *v.* promise.

afuster, *v.* hide (behind a tree) 4373.

agait 1708, aget 4358, *sm.* ambush.

agaitier; *subj. pr. 3* aget 1124: *v.a.* ambush.

agucete, *adj. f.* sharp, pointed 4324.

ahan, *sm.* fatigue 1638, 3290.

ahi, *interj.* alas! 101.

ahonter 268, *v.a.* disgrace.

ahuchier, *v.a.* hail 976.

aidier 1280; *ind. pr. 3* aïde 1263; *subj. pr. 3* aït 628, 4201, 4310; *subj. impf. 3* aïdast 1768: *v.* help; *s'a. de* make use of 1280.

aïe, *sf.* help 999.

ainemi; *v.* anemi.

aint; *v.* amer.

ainz 128, anz 2346, einz 413, *adv.* sooner, rather 128, 391; but rather 296, 413; beforehand 1006; yet 1118; ever 561, 1033; even 3004; *prep.* before 214; ainz que, *conj.* before 692.

ainzjornee, *sf.* dawn 1778.

aïr, *sm.* anger, violence 271, 4012.

aïrier, *v. refl.* become angry 132.

aise, 579, 4282, esse 548, *sm.* ease, leisure.

alaine, *sf.* breath 3748.

alegier 2570, *v.a.* exculpate 2570; *v. refl.* exculpate oneself 3565.

aler 658; *ind. pr. 1* vois 596, *2* ves 2464, *3* vet 606, vait 672, voit 1271; *subj. pr. 3* aut 1501, [651], voist 3454, *4* allons 4245; *fut.* 5 iroiz 2409; *pres. p.* alent 3534: *v.n.* go; *va!* go!, go to! 740; *en a., s'en a.* go, go forth 595, 92.

aleüre, *sf.* speed, pace, 1680, 2125.

aloiere, *sf.* wallet [3966].

aloignier, *v.n.* go away 4078.

amanantir 4312, *v.a.* enrich.

amedoi, *nom.* of amedos, *pron.* both 1677.

amener 896; *ind. pr. 6* ameinent 899; *subj. pr. 3* ameint 2638; *imper. 2* amaine 526; *fut. 3* amerra 2117: *v.a.* lead, bring.

amentevoir; *ind. pr. 3* amentoit 1397: *v.a.* remind, recall.

amer 3515; *ind. pr. 1* aim 1404,
am 1401; *subj. pr. 1* aim 407,
3 aint 601; *pp.* amé 21, etc.,
ameit 70: *v.* love.

ami 3, 54, amis 458, amiz
2723, *sm.* lover, friend.

amie, *sf.* mistress, friend 384.

amistié, *sf.* love 25.

amont, *adv.* up 3159.

an; *v.* en.

ancesorie, *sf.*; *d'a.* of long stand-
ing 3186.

ancochier, *v.* nock (arrow on
bowstring) 1286.

ançois, *adv.* rather, sooner 973,
1886; *prep.* before 2309; *a.*
que, *conj.* before 2021.

ancor 1118, ancore 2277, encor
25, encore 4154, *adv.* yet, still.

ancui, *adv.* this day 3226.

andui 88, endui 828, *nom.* of
ansdous, *pron.* both.

anel 2431, aneaus 1815, *sm.*
ring.

anemi 2839, anemis 1744,
ainemis 3825, *sm.* enemy.

anevoies 656, anevois 2441,
enevoies 3051, *adv.* anon.

angarde *s.* outpost 4031.

angoissier; *subj. pr. 3* angoise
1434: *v.* cause dismay.

anjen, *sm.* deceit 408.

anmi; *v.* enmi.

anoie; *v.* ennuier.

anor; *v.* enor.

anort 2497, enort 2832, *subj. pr.
3* of (h)onorer, *v.a.* honour.

anorter; *subj. pr. 3* anorte 2108:
v.a. counsel, plot.

antendu; *v.* entendre.

anuit 2449, enuit 2281, *adv.* this
night.

anvés, *obl. pl.* of anvel, *adj.*
annual 2993.

anz; *v.* ainz and enz.

aorer; *ind. pr. 3* aoure 2332;
pret. 4 aorames 2584: *v.*
worship.

aoster, *v.* harvest 1775.

apaier 3542, *v.* conciliate, make
peace.

aparellier, *v.a.* arrange 3890.

apeler, *v.a.* call 927; *a. de*
accuse of 4192.

apenser, *v. refl.* think of, 753.

aperchevance, *sf.* discovery 3585.

apert, *adj.* evident 229.

apertement, *adv.* openly 4281.

apetichier, *v.n.* grow smaller,
become less full [3966].

apoier; *ind. pr. 3* apuie 236,
apoie 3928; *pp.* apoié 1368: *v.*
refl. lean.

aporter; *ind. pr. 1* aport 2467:
v.a. bring.

aprendre; *subj. pr. 3* aprenge
3304: *v.* learn 313; become
accustomed to 1201.

aprés, *adv.* after 1495; *prep.*
after 1336, according to 4220.

aprimier 312; *ind. pr. 3* aprime
3564, aprisme 3; *subj. impf. 3*
aprismast 499: *v.a.n.* approach.

apuie; *v.* apoier.

aqeut; *v.* acueillir.

aquerre 3600, *v.a.* acquire.

aquitance, *sf.* payment, redemp-
tion of pledge 450.

aquiter 228; *a. qqn. de qch.* or
a. qch. a qqn. release from
obligation, discharge some-
one's debt 218, 228, 444, 445,
489; *aquité de* quit of 3272.

araine, *sf.* sand 1230.

araisnier 864; *ind. pr. 3* aresne
1369, araisone 4432; *pp.*
araisnié 893, aresnié 3140,
3180, araisoné 1474: *v.a.* ad-
dress, challenge.

arçon, 3123, 3887, archons 3814,
sm. saddle-bow.

ardoir 1067, etc., ardre 2580;
ind. pr. 2 ars 1100; *imper. 2*
art 1222; *impf. subj. 3* arsist
969; *pp.* ars 1500: *v.a.n.*
burn.

arengier, *v.a.* arrange, range 4136, 4188; *v.refl.* take up position 3923.

aresnement, *sm.* explanation, justification 3835.

arester 1868; *pret. 3* **arestut** 1520: *v. refl.* stop, halt.

argüer, *v.a.* urge on 3833.

ariere 2273, **arire** 1686, **arrire** 2115, *adv.* back.

arondele, *sf.* swallow 4478.

arson, *sf.* burning 3657.

asenblee, *sf.* meeting 299.

asenblement, *sm.* meeting 474.

asenbler; assembler 871, *v.a.* gather 871; *v.n.* assemble, meet 191, 1825.

asener, *v.a.* direct, instruct 2842.

asente, *sf.* conjunction (of stars) 331.

aseoir; *ind. pr. 3* **asiet** 1915; *pret. 3* **asist** 1293, *6* **asistrent** 4183: *v.a.* seat 3305; determine, fix, settle 638, 3284, 3460; set 917, 1823; *v. refl.* sit down 1293, etc.

aseürer; *ind. pr. 1* **aseüre** 4200, **asur** 4252: *v.a.* reassure 3177; *v.n.* become reassured 3178.

asez 302, **assez** 1389, **assés** 2735, *adv.* enough 302, much 995, quite 1389.

asouagier, *v. impers.* assuage 3179.

asouploier, *v.* soften 2874.

asseneor, *sm.* direction 3795.

astele, *sf.* fragment; *metre par a.* break in pieces 3526.

asur; *v.* **aseürer.**

ataindre 1875; *ind. pr. 3* **ataint** 1631; *impf. subj. 3* **atainsist** 1585; *v.* pursue closely 1585, overtake 1631, attain(?) 3329.

atant, *adv.* then, therewith 233, 3059, so 3441.

atapiner, *v.* disguise 3345.

atargier, *v. refl.* tarry 3288.

atenance, *sf.* intent 696.

atochier 1257; *ind. pr. 3* **atouche** 1756; *subj. impf. 6* **atochasent** 792; *pp.* **atouchié** 2015: *v.a.* touch.

atoise, *sf.* slate 922.

ator, *sm.* adornment 4101.

atorner, *v.a.* adorn, equip 2740.

atot, *prep.* with 3597; *adv.* therewith 1289, 1711.

atraire; *ind. pr. 3* **atrait** 2804, **atret** 4408; *pp.* **atrait** 1802: *v.a.* draw, stretch.

aube, *adj.* white; *aube espine* whitethorn 872, 1321.

aubor 4422, **auborc** 1338, *sm.* laburnum (wood of).

aucun, *adj.* any, some 188, 2789; *pron.* anyone, someone 3627.

aumaire, *s.* chest 4132.

aumosnier, *sm.* almsman 3629.

aumuce, *sf.* hood trimmed with fur 3750, 3755.

aunee, *sf.* assembly 947, abode (?) 1842.

aüner, *v. refl.* gather 1225; *v.n.* collect 735.

auques, *adv.* somewhat 1942.

aus; *v.* **il.**

aut; *v.* **aler.**

autre, *adj.* other, another 245, 3489; any other (expletive) 2203, 4132; *pron.* another 2142.

autrement, *adv.* differently, otherwise 665, 2010, 2862.

autretant, *adv.* likewise, as much 358.

autrier, *adv.* the other day 590, 4277.

auves, *s.pl.* side-bars (of saddle), [3800].

aval, *adv.* down 1230; *prep.* down 36.

avaler, *v.n.* descend 1515.

avant, *adv.* forward 552, further on 1920; *d'or en a.* henceforward 564; *d'ui en a.* henceforward 4181; *aler a.* go first 4336.

avé; *v.* **avoc.**

avenir 2272, *v. n. refl.* happen 1345, 1632.

aventure, *sf.* adventure, happening 1237; *par a.* peradventure 1363.

averté, *sf.* avarice, niggardliness 231.

avesprer, *inf. subst.* evening, dusk 3318.

avilance, *sf.* disgrace 1956.

avironer, *v.a.* surround 1142.

avis; *ce m'est avis* methinks 1832, 2094, 2136; *avis estoit a* it was the opinion of, it seemed to 2065.

avoc 759, etc., avé 1561, avoques 2174. *prep.* with. Cf. ovoc, ovocques.

avoer; *subj. pr. 3* avot 210: *v.a.* avow, acknowledge as vassal 1030.

avoi! *interj.* nay! 3920.

avoir 1027; *ind. impf. 3* avoit 2104, etc., avet 2122, 3619, avot 751; *pret. 1* oi 211, *2* eüs 2565, *3* ot 3608, out 2000, *5* eüstes 2202, *6* orent 773, ourent 1137; *fut. 3* avra 250, etc., ara 1244, 4158, *4* aron 625; *condl. 3* avroit 76, [186], etc., aroit 1860: *v.a.* have, possess 6, etc.; *v. auxil.* 4, etc.; *v. impers.* there is, there are: (without *i*) 209, 799, 581, 723, 1438, etc., (with *i*) 111, 354, 398, 879, etc.; *n'avoir que* (+ inf.) have no mind to, be unable to 2121-2.

avoques; v. avoc.

bae, *adj.* agape 4061.

baisier; *ind. pr. 3* beise 547, bese 2731, besse 461: *v.a.* kiss.

ballie, *sf.* power 1106.

ballier 3128, *v.a.* give 1017, 2656; take 3128, 3530.

ban 1432, banz 874, *sm.* ban, proclamation.

bans, *obl. pl.* of banc 1485.

bandon, *sm.* power, discretion; *li a a b. mis* placed at his disposal 2921.

banir; *pp.* banit 1884, baniz 3278, bani [1553]: *v.* issue a ban, proclaim 1884, 3278; banish 1553.

barater, *v.* haggle 2742.

barnage, *sm.* baronage 2510.

baron, *obl.sg.* 863, *nom. pl.* 771; barons, *obl. pl.* 288: *sm.* knight, baron; ber, *nom. sg.* (used adjectivally) 834, 1178.

baronie, *sf.* baronial custom or life 2166.

bas, *adj.* low 1204; *an bas* low down 1759; *adv.* 1760, 1764. V. haut.

baudor, *sf.* joy 1200.

baudré, *sm.* baldrick 3114.

baut 2724, *nom. sing.* bauz 1610, *f.* baude 3335, *adj.* lively, spirited.

beauveisine, *sf.* small coin issued by the bishops of Beauvais 1095.

bel 3352, beau 238, beaus 567, bele 1014, *adj.* fair, 3352; *adv.* with fair words, fittingly 2293, 3180; *par bel* fittingly 2354; *estre bel a* be agreeable to 1348, 3242, etc.

belement, *adv.* gently 4321.

bendé 3908, bendez 4440, *pp.* of bender, *v.a.* bind, tress 3908; bend (a bow) 4440.

ber; v. baron.

berser 1606, *v.n.* hunt.

berseret 1551, 2697, *sm.* hunting dog; berserece, *adj. f.* hunting 1581.

besanz, *obl. pl.* of besant, *sm.* small gold coin (originally Byzantine) 452.

besoignal, *adj. f.* urgent, needful 2942.

besuchier 707, *v.n.* be busy, act the busy-body.

bien 1560, *adv.* well 68, 1011, clearly 737, fully 695, 873, 1224, truly 18, 309; *b. tost* very soon 516, perchance 711.

bien 794, **biens** 1628, 3263, *sm.* good, good action 90, 3263; *par b.* 2360, *por b.* 2216 with good intent; *tenir en b.* consider good [376].

bieres [4132], *sm. pl.* biers, reliquaries.

bis, *adj.* dark grey 235.

blasme, *sm.* blame; *b. lever* blame, accuse 2569, 3205.

blasmer 3221; *pret. 1* blasmé 357: *v.a.* blame, accuse.

blecier, *v.a.* wound 4389.

bliaut, *sm.* tunic 1146.

bloi 212, **blois** 2761, **bloie** 1546, *adj.* fair.

blos, *adj.* bereft; *Dont au Morholt fu le chief blos* 2038 perhaps for *D. le M. fu del c. b.*, whereby the Morholt lost his head (cf. *Thebes* 3900).

boce, *sf.* hump, swelling ; *Mis m'en avez el cuer la b.* you have planted a pain in my heart 3134.

bocelé, *pp.* of boceler, *v.a.* cover with bosses or knobs 3626.

bociez, *pp.* of bocier, *v.a.* cover with humps or contusions 3306, 3716.

bohorder 4074, *v.n.* joust.

bohort, *sm.* joust 3465.

bois 595, **bos** 2597, *sm.* wood, forest.

boivre 2219; *pret. 1* bui 1414; *pp.* beü 2159: *v.* drink; *inf. subst.* boivre, potion 2218.

bollir; *pret. 3* bolli 2139: *v.a.* brew.

bon; **bone** 102, **bones** 1854, **buen** 380, **buens** 2029, *adj.* good; *adj. adv.* buen (for buer?) fortunately, auspiciously 312; *estre buen a* be agreeable or pleasing to 493; *subst.* buen wish, desire 3584; *a lor buens* according to their desire 465.

boneürée, *adj. f.* fortunate 2841.

bordeaus, *obl. pl.* of bordel, *sm.* hovel 1204.

boron, *sm.* hut 2828.

bos; v. bois.

boschage 1359, 2269, **boscage** 1427, *sm.* wood.

botele, *sf.* bottle 3301, 3691.

boter 1323; *ind. pr. 3* bote 1617, **boute** 3891, etc.: *v.a.* thrust.

boufer, *v.n.* puff out one's cheeks 1895.

brachet 1440, **brachez** 1501, **brachetz** 1457, *sm.* hunting dog.

braçoier; *imper. 5* braçoiez 3817: *v.n.* move one's arms.

brait, *sm.* cry 1226.

brander, *v.a.* burn [2034].

brandir 4476, *v.n.* fly, hurtle.

brant, *sm.* sword 972.

bricons, *obl. pl.* 4064, **bric** *nom. sing.* 3580, *adj. subst.* rascal, fool.

brief 2357, **briés** 2527, *sm.* letter.

brief 2638, **brif** 3227, **brive** 4076, *adj.* short.

briment, *adv.* quickly, shortly 997.

broche, *sf.* pointed twig 4326.

brochete, *sf.* pointed twig 4323.

brochier, *v.n.* spur 4065.

bruelleïz, *sm.* burnt clearing 3037.

bruit, *sm.* noise 860, **glory** [1138], reputation 1659.

bu, *sm.* trunk, body 1714.

buen; v. bon.

burel, *sm.* coarse woollen stuff 3569, 3571.

c'; v. ce and que.

çaindre, *v.a.* gird on 968, 3153, etc.; embrace 1821.

calemel, *sm.* reed-pipe 4111.

cane, *sf.* jaw 3068.

car 205, **quar** 595, **qar** 109, *adv.* for 109; (expletive introducing command or entreaty) 205, 929, 2299.

casser 3820, *v.a.* strike violently.

ce, before cons. 29, 1795, etc., before vowel 406, etc.; **c'** 1681, 1952, 3263; *dem. pron. neut.* this, that, it; *ce que puet estre?, ce que sera?* what can this mean? 2001, 3926; *por ce*, v. por.

ce, *dem. adj.*; v. cist.

cele; v. sele and cil.

celee, *sf.* secret 3416.

celeement, *adv.* secretly 3578.

celement, *sm.* secret 1342.

celer 575; *imper.* 2 **çole** 669: *v.a.* hide; *a celé* secretly 578.

celestien, *adj.* heavenly 2286.

celestre, *adj.* heavenly 4162.

celié; v. cil.

celier, *sm.* cellar 3017.

cener; *ind. pr.* 3 **çoine** 1990: *v.* beckon.

certain, *adj.* certain 501; *a c.* assuredly 3861.

ces, **cest**, **ceste**; v. cist.

cester, *v.n.* stumble 1693.

ceus; v. cil.

chace, *sf.* hunting 3183.

chaceor, *sm.* hunting horse 3551.

chacier 1590; *ind. pr.* 1 **chaz** 3067; *subj. pr.* 3 **chast** 602; *v.a.n.* hunt, drive away 142, 1724.

chaï; v. choier.

chainsil, *sm.* linen [2737].

chalemeler, *v.n.* play the reed-pipe (*chalemele*) 3376.

chanbre, *sf.* royal appartment or private room 175, 597.

changier 4274, *v.a.* change (for the better).

chape, *sf.* cloak 2880, cope 2978.

char 1645, **chars** 1806, *sf.* flesh, body.

chariere 1528, **charire** 1685, *sf.* cart-track.

charra; v. choier.

chartre, *sf.* letter 2654.

chase, *sf.* shrine 4133.

chastel 2798, **chasteaus** 587, *sm.* castle.

chastïer 3493, *v.a.* punish.

chaucie, *sf.* paved road 2972.

chaus, *m. nom. sg.* of chauf, *adj.* bald 2866.

chaumoi, *sm.* heath 2954.

chaut 2035, **chauz** 766, 3729, **chau** 1730, **chaude** 3336, *adj.* hot, warm 766; *subst.* heat 1794.

cherté, *sf.* esteem; *avoir en c.* hold dear 72; *faire c. de* esteem, hold dear 244.

chevauchant, *sm.* rider 3391.

chevauchie, *sf.* errand, meeting, affair 184, 3559.

chevrel 1286, **chevreus** 1426, *sm.* roe-deer.

chie; v. choier.

chief, *sm.* head 212, end, extremity 2269, 3295, 3615, heading 2358, 2514; *de c. en c.* from end to end 2548; v. traire.

chiere, *sf.* face, expression, mien 546; *faire c. de* put on an air of 3938.

chiés, *prep.*(=Mod. Fr. *chez*) 675.

choier 1087, 3937; *ind. pr.* 3 **chiet** 1815, 6 **chïent** 3801; *subj. pr.* 3 **chie** 952; *pret. 1 and 3* **chaï** 482, 730, **choï** 3169; *pp.* choiet -e 2076, 4120; *fut. 3* **charra** 1171: *v.n.* fall 957, drop, flow 1262, subside 1171, melt 4120.

choisir; *ind. pr.* 3 **choisist** 331; *pret.* 3 **choisi** 767: *v.a.* observe.

cil, *nom. sg.* and *pl. m.* 645, 646, **sil** 4143; *obl. sg. m.* **cel** 457; *obl. pl.* **ces** 1209; *sg. fem.* **cele** 702, etc., **celle** 411, **cel'** 1725, 2751; *obl. sg. neut.* **cel** 185; *tonic obl. sg. m.* **celui** 879; *obl. pl. m.* **ceus** 380; *sg. fem.*

cil (*continued*) celi [3560], celié 4340; *dem. pron.* and *adj.* that, he, she, it.

cirge, *s.* wax candle 726.

cist, *nom. sg.* and *pl. m.* 648, 3506, cis 2494; cest (for cist) 4465, ce 1343; *obl. sg. m.* cest 88, ce 603; *obl. pl. m.* and *fem.* ces 310, 1656; *sg. fem.* ceste 174, cest' 26; *sg. neut.* cest 1181; *dem. pron.* and *adj.* this, he, she, it.

clamer; *ind. pr. 3* claime 919, 6 claiment 953: *v.a.* call 3538; *v. refl.* call oneself 2250.

clarele, *adj.* (?) clear, resonant(?) 1505.

cliner, *v.n.* bow 3482.

cliner, *v.n.* wink 576, 3854.

clochier 3944, *v.n.* limp.

clore; *ind. pr. 3* clot 3936; *pp.* clos 650: *v.a.* close, enclose 650; plant (one's foot) 3936.

coarde, *fem.* of coart, *adj.* craven 3873.

cochier; *v.* couchier.

coi, *adj.* quiet 3312.

çoine; *v.* cener.

cointier 4094, *v.* pay one's respects, pay a visit.

col 128, cox 3816, *sm.* neck.

çole; *v.* celer.

colee, *sf.* blow 3497.

com; *v.* conme.

comune, *sf.* intercourse, possession 2329, [3773].

con; *v.* conme.

conbien, *adv.* how long 2297; *a c.* for how long 2137.

conduire 1918; *ind. pr. 2* conduiz 2808; *subj. pr. 3* conduie 455; *ind. impf. 3* conduioit 2849: *v.a.* lead, guide, accompany; *v. refl.* depart, betake oneself off 2476, 2054.

confait, *adj.* what sort of 644.

conforter, *v. refl.* take comfort 990.

conme 640, con 1069, com 382, *adv.* and *conj.* how 4, 1069, 1438, as 162, when 3; *c.* (+ adj.) as one who is 433, 640, 942; *conme se, con s'* as if 760, 8, 1278; *con que* as 2719; *v.* si, tant.

conmunax, *nom. sg. m.* of conmunal, *adj.* wont to 2878.

conoistre, *v.a.* know 1367, recognize 2776, acknowledge 1099, 2060.

conpaigne, *sf.* company 2248, 4027.

conperer, *v.a.* buy, pay for 1792.

conplaignement, *sm.* complaining 355.

conplaindre, *v. refl.* complain 433.

conplainz, *obl. pl.* of conplaint, *sm.* complaint [366].

conplot, *sm.* crowd 1231.

conquerre 4450; *pret. 1* conquis 2559: *v.a.* conquer, win.

consel 220, consel[z] 2908, *sm.* counsel 220, resolution 1403, secret 1315, council 4182.

conseillier 632, *v.a.n.* counsel, help, take counsel 200, 1571, speak secretly 1314, 1897; *v. refl.* take counsel 1400.

consentir 858; *pp.* consentu 3192: *v.a.n.* allow, countenance 2899, yield 3192.

conseurre; *pp.* conseüz 968: *v.a.* pursue, overtake.

conte 3934, *nom. sg.* qens 1441, *sm.* count.

contenir 2633; *subj. pr. 3* contienge 1069: *v. refl.* behave, contain oneself 1069, remain 2633.

conter, *v.* relate 3326, talk 3524, count (astrol.) 327.

contor, *sm.* count 2997, 3385.

contor, *sm.* story-teller 1265.

contraire; *par c.* contrariwise, maliciously 3675.

contre, *prep.* against 186, towards, to meet 1793.

contremont, *adv.* upward 2972.

contret 3622, contrez 3624, *adj.* deformed.

contreval, *adv.* down 1353; *prep.* down 2590.

convers, *sm.* intercourse 1197.

convoi, *sm.* escort 2927, 3535.

convoier 3523, *v.a.* escort, accompany.

corage, *sm.* heart, desire, intention, mind 254, 1467; *avoir c. de* be minded to, be intent upon 33, 963; *venir a c.* come to mind, occur to 2711.

corbel, *sm.* crow (used pejoratively of persons) 3647.

corbel, *sm.* corbel(?) 4081.

corgie, *sf.* whip 3895.

corlain, *sm.* runner, messenger 3637.

corner, *v.* sound a horn 2456; *c. le jor* announce daybreak with the sound of the horn 4116.

coroços, *adj.* angry 3110.

corporuz, *nom. sg. m.* of corporu *adj.* stout 2623.

corre 964, *v.n.* run; *vent ne cort* no wind blows 1826.

cors, *sm.* body 843; (used with poss. pron. periphrastically for pers. pron.) 839, 1906, 1918, 3232, 3273.

cors, *sm.* course 323.

corsainz, *obl. pl.* of corsaint, *sm.* holy relic 4162.

cortine, *sf.* curtain, tapestry 2969, 4316, tapestried room 2180.

co(s)te 3999, cotes 3569, *sm.* close-fitting tunic.

couchier 1206, cochier 670, *v.a.n. refl.* lie, lie down 1816, 680, 1805; *aprés soleil couchier* after sundown 2449; *inf. subst.* couchier, ceremonial retiring of the king 3052 (*cf.* 681).

coutel, *sm.* knife 4324, blade 3479.

covenant, *sm.* agreement 4335.

covenir 667; *subj. pr. 3* covienge 651; *v. impers.* be necessary; *c. de qqch.* take measures, make arrangement for 667.

covert; *v.* cuvert.

covertir 3193, *v.* change one's mind.

covrir 2035; *ind. pr. 3* cuevre 1630, covre 2042: *v.a.* cover, conceal 2353.

cox; *v.* col.

cras, *adj.* fat, sleek 3708; *v.* gras.

cravent, *subj. pr. 3* of craventer, *v.a.* crush, destroy 2754.

creance, *sf.* faith 2339.

cremoit; *v.* criembre.

cresté, *adj.* crested 2560.

crever 1886; *subj. pr. 3* criet 1916: *v.a.* kill, destroy.

cri 1226, cris 3038, criz 827, *sm.* cry 912, 1589, rumour, report 827.

criembre; *ind. pr. 1* criem 1012, *3* crient 388, 6 criement 3190; *ind. impf. 3* cremoit 1355; *pp.* crient 1728, criens 2872: *v.a.* fear; *v. refl.* be afraid 1535, 3585.

criër, 106; *ind. pr. 1* cri 159: *v.* cry, cry out, proclaim, 2414.

criet; *v.* crever.

crime, *sf.* fear 1538.

crine, *sf.* hair, head of hair 1546.

croire 144; *imper. 5* creez 2534; *pret. 1* crui 273, cro 306; *subj. impf. 3* creüst 119, 5 creïssiez 504; *fut. 1* crerai 2423, 2 croiras 401, 3 crerra [468]; *condl. 1* croiroie 2796; *pp.* creüz 4173: *v.* believe, trust, 39, 119; *c. qqn. de qch.* believe someone concerning 144.

croistre 141; *pp.* creüe 2665: *v.a.* increase 141; *v.n.* grow, increase 2665.

croller; *ind. pr. 3* crolle 1255, crole 1543: *v.a.* shake, wag.

cruauté, *sf*. wickedness 616.

crui; *v*. **croire**.

cuellir; *pp*. cuelli 773; *c. en haïne* conceive hatred for 773.

cuir, *sm*. skin 4052.

cuisine, *sf*. cooking 1294, 1429.

cuite; *a c*. with vigour 3686.

cuite, *imper*. *2* of **coitier**, *v.n*. make haste 3923.

cure, *sf*. care; *avoir c. de* to care for, be minded to 3074, 3103, 4452, etc.; *tenir c. de* take notice of 572.

cuvert 4313, **covert** 121, **coverz** 3462, *adj*. base, cowardly.

cuvertise, *sf*. wickedness [1945].

damage, *sm*. pity 904.

damoisel, *sm*. squire 3949.

damoisele, *sf*. young lady 4417.

dan 2547, **dans** 3771, sir.

dangier, *sm*. stint 3002.

danner, *v.a*. damn, condemn 560, 2864.

danzeaus, *pl*. of **danzel**, *sm*. squire 2174.

de, d', *prep*. I Dependence: of (subjective) 101; (objective) 2; of, concerning 6, 296, 690; as regards 166, 439; (after verbs of remembering, etc.) 107, 217; than (after *plus*) 2958; (exclamatory) 243, 1502; (in adverbial phrases) 544, 950. II Departure: from (movement from, lit. and fig.) 40, 42; of, from (origin) 26; with, because of (cause) 51, 195; with, by (instrument or agent) 272, 650; (manner) 57, 301; of (material) 235; for (temporal) 1218; of (partitive) 137, 215, 1208. With inf.: of (dependence) 930; to (purpose) 3918; *de par* throughout 4204; *de ce que* (at) the fact that 3858. Enclitic forms: *del, des, du*; *v*. **li**.

debonere, *adj*. of good repute, of kindly disposition 3914, 4150.

deça, *prep*. 2630; *adv*. this side of 3940.

decendre 1975, *v.n*. descend, dismount.

decepline, *s*. punishment 2592.

dechacier, *v.a*. exile 2295.

dechaz, *sm*. exile 1771.

decirer, *v.a*. tear 1647.

deçoivre 329; *pp*. **deceü** 266; *inf. subst*. 2675: *v.a*. deceive.

deconnut; *v*. **desconnoistre**.

dedenz 1749, **dedanz** 3384, *prep*. 725; *adv*. 993, 1323 within.

dedesoz, *adv*. underneath 3301.

dedesus, *adv*. over, on; *par d.* 1819.

dedevant, *prep*. before 3443; *par d.* (*adv*.) 4316.

deduire; *ind. pr. 6* **deduient** 4301: *v. refl*. amuse oneself.

deduit 1660, **deduiz** 4269, *sm*. pleasure.

defendre 818, *v.a*. save, protect 3063; forbid 1923; *v. refl*. defend oneself 556.

defense, *sf*. prohibition 2716, defence 3212.

defors, *adv*. without 736; *prep*. outside 958.

degerpir 2264, *v.a*. abandon.

deget [3932], **degiez** [3843], *sm*. leper.

degrez, *obl. pl*. of **degré**, *sm*. step 1869.

dehé 646, **dehez** 640, 3068, *sm*. curse.

dela, *adv*. that side, beyond 3940.

delit, *sm*. pleasure 734.

delivrement, *adv*. promptly 1330.

delivrer, *v.a*. set free 205, 1037.

delungement, *sm*. separation 1398.

demande, *sf*. demand 2621, hearing (jurid.) 4090.

demander 392; *ind. pr. 1* and *subj. pr. 3* **demant** 3767, 3309: *v*. ask, demand.

demeine 4340, demoine 3541, *adj.*
private, personal, loyal.

demener; *ind. pr. 3* demeine
2296: *v.a.* control, dominate
2296, display 1497.

dementer, *v. refl.* show violent
grief 237, 2199.

demiés, *adj. obl. pl.* half 3967.

demoine; *v.* demeine.

demorer 2121; *ind. pr. 1* demor
92: *v.n.* delay, tarry.

demonstrance, *sf.* proof, mani-
festation 2020.

denz, *obl. pl.* of dent, *s.* tooth;
entre ses denz quietly, in-
audibly 3105, 3165.

departie, *sf.* parting 2681.

departir 2036, *v.n. refl.* depart,
part, disperse; *inf. subst.* 2686.

deperdre; *pp.* deperdu 1058: *v.a.*
lose.

deport, *sm.* pleasure 3074.

deputaire, *adj.* of evil repute, of
low condition 3092.

deraisne 3253, deresne 3256,
sm. and *sf.* defence (jurid.).

deraisnier 2576; *pp.* deresnie
2237: *v.a.* defend 3420; *v. refl.*
defend oneself (jurid.) 2856.

derree, *sf.* goods to the value of a
'denier,' a farthing's worth
676.

des, *prep.* since 3276; *des or*
henceforth 3130; *des que*
as soon as 3274.

desangler, 4378, *v.a.* dislodge.

desanor; *v.* deshonor.

desatorné, *adj.* bereft, poor 243.

descoloré, *adj. pp.* berett or
colour 340.

desconfort, *sm.* 'discomfort, de-
jected condition 1212.

desconnoistre; *pret. 3* desconnut
368, deconnut 251; *pp.* des-
conneüz 3990: *v.a.* know, dis-
cover 251, 368; disguise 3990.

descort, *sm.* discord 442; *metre
en d.* gainsay 2375.

deserte, *sf.* deserts 1063.

desertine, *sf.* desert, wilderness
2255.

deservir; *pp.* deservi 3503: *v.a.*
deserve.

desevree, *sf.* parting 2947.

desevrer 373, *v.a.* separate 1999;
v.n. depart 373.

desfaé, *adj. subst.* wretched 3643.

desfaire; *subj. pres. 3* desface 334;
imper. 2 desfai 664: *v.a.*
destroy, kill.

desfait 1157, desfaiz 3716, *pp.
adj.* infirm.

desfubler 1250, 1254, *v.* take off
one's cloak.

desheriter, *v.a.* disinherit, dis-
own 891.

deshonor 2234, desanor 2328, *s.*
dishonour.

desi que, *conj.* until 1869; desi
q'a *prep.* as far as 3800.

desirrer, *v.a.* desire 2752.

deslacier, *v.a.* undo 1981.

desloier, *v. refl.* act disloyally 4143.

desmenbrer, *v.a.* dismember 1710.

desmentir; *ind. pr. 1* desment
3188: *v.a.* disown.

desnoer; *ind. pr. 1* desno 400:
v.a. reveal.

desor, *prep.* on 1876, from the
presence of 120; *adv.* 1633.

desoz, *prep.* under 1617.

desploier 686, *v.a.* unfasten.

despollier, *v. refl.* undress 3863.

desroi, *sm.* disorder, wrong 559,
820, 2574, distress 1399.

destolete, *sf.* side-road 2480.

destorbier, *sm.* trouble 1026.

destot, *ind. pr. 3* of destolir, *v.a.*
repel, discountenance 3102. (?)

destraignement, *sm.* distress 3240.

destre, *adj.* right-hand 944; *sor
d., a d.* on the right 4078, 4290.

destroier, *v.* ride on the right
hand of 4075.

destroit 1644, destroiz 2071,
pp. adj. lacking, bereft of
1644, distressed, tortured 2071,
2642; *subst.* distress 846, 1676.

L

destruire 1917; *subj. pr. 3*
destruie 3082; *imper. 2* destrui
887: *v.a.* destroy.

desus, *prep.*, over, on 2883, 3887.

desveier 89, *v.a.* lead astray.

deus 2037, *nom.* dui 2938, two.

deus; v. duel.

devaler, *v.n.* descend 286.

devancir; *pp.* devanci 4: *v.a.*
anticipate, forestall.

devant, *prep.* and *adv.* before 655,
716.

devers, *prep.* towards 918.

devices, *sf. pl.* riches 4091.

devinalle, *sf.* soothsaying 840.

devises, *sf.* division, separation
1824, 1996.

deviser, *v.a.* observe 324; say,
arrange, explain 2680, 3234.

devoir; *ind. pr. 1* doi 2313, *2*
doiz 2943; *subj. pr. 1* doie
1570; *pret. 1* dui [418], *2* deüs
857: *v.* ought, must, be
obliged to 143, etc.; be about
to, be on the point of 1705, etc.;
mean, portend 709, 984, 1313.

di, *sm.; toz dis* ever 2255.

dime; *la lune d.* the moon at its
tenth day 3563.

dire, 1887; *ind. pr. 1* di 18, *3* dit
832, 6 dïent 422; *subj. pr. 1*
die 401, *3* die 4253, *5* dïez
3549; *imper. 2* di 626, *4* dimes
600, dison 3099, *5* dites 2436;
ind. impf. 3 disoit 75, diset
[78], *pret. 1* dis 361, *3* dist 41,
6 distrent 2627; *subj. impf. 3*
deïst 2796; *fut. 4* diromes
599: *v.* say, tell; *v. impers.*
3044.

disner, *sm.* principal meal of the
day 1336.

dit, *sm.* saying, declaration,
word 464, 2228.

dival *interj.* go to! 1418, 3929.

doi 1811, dei 2086, doiz 1054, *sm.*
finger.

dois, *sm.* dais, throne 3378.

doitie, *sf.* arrow, shaft (?) 2152.

doitil, *sm.* brook 1669.

doiz, *nom. sg.* of doit, *sf.* brook
4317.

doler, *v.a.* shave, pare (of wood)
3764.

dolent 2072, dolenz 2682, dolente
2201, *adj.* wretched, suffering
1244 2682; (exclamatory) 981,
2201.

doloir 3938; *ind. pr. 1* duel
1799; *ind. impf. 3* doloit 718:
v. refl. suffer pain.

dom, don; v. dont.

doner 1024; *ind. pr. 1* doins
2180, doin 2374; *subj. pr. 1*
donge 2568, *2* doignes 1222,
3 donge 292, donst 506, doinst
2373, done 3806; *fut. 1* dorrai
1912, *2* dorras 1889, *3* dorra
2920, *4* doron 2894, *5* dorrez
2723, 6 dorront 3310; *condl. 3*
dorroit 68, doroit 2275: *v.a.*
give; (used absolutely) give
blows 1691.

donques, *adv.* then 1667.

dont 342, dom 3757, don 3558,
adv. and *rel. pron.* (in senses
corresponding to *de*) whence
389, whereat 558, whence
3558, of which 485; *du segroi
dont je sui* of the secret which
I share 1326.

donter, *v.a.* tame 1622.

dormir 1301; *ind. pr. 1* dor
1402: *v. n. refl.* sleep.

dotance, 1420, doutance 449, *sf.*
doubt.

dote 2825, doute 3925, *s.* fear;
sanz d. without doubt 4019.

doter, douter; *ind. pr. 1* dot
2827; *subj. pr. 3* dot 2945:
v.a.n. refl. fear 2872, 2126,
1845.

doutriner 1620, *v.a.* teach, in-
struct.

drap 768, dras 951, *sm.* cloth
2183, clothes 1198, bed-
clothes 732.

drecier, *v.a.* raise 3792.

droit 861, **droiz** 3795, **droite** 1959, *adj.* straight, direct 1959, rightful 2543; *adv.* straight 861, 1230; *sm.* right, claim 1904, 3264; *par droit* rightfully 1761; *avoir d.* be right [4171]; *faire d. de* give satisfaction for 3435.

droiture, *sf.* right, justice 2586.

droiturier, *adj.* just; *dire que droituriers* speak justly 1461.

drue, *sf.* mistress 97.

drüerie, *sf.* love 33, love-token 2687.

druz, *obl. pl.* of **drut**, *sm.* friend 4110.

dube, *sf.* apse 925.

duel 263, **deus** 406, *sm.* grief, pain, misfortune 108; v. **doloir**.

dui; v. **deus** and **devoir**.

durer; *fut. 3* **durra** 1168, [2297]: *v.n.* endure, last.

einsi, *adv.* thus 3549.

einz; v. **ainz**.

eirent; v. **estre**.

eisi, *adv.* thus 1303.

eisinc, *adv.* accordingly 938.

el = *en le*; v. **li**.

el, *pron.* anything else 3610; *ou un ou el* this or that 508; *adv.* otherwise 2636.

elgal 1649, *adj.* equal.

emparer, *v.a.* encircle 3910.

en 52, etc., **an** 652, etc., *prep.* in, on (place where) 52, 2710; to, into (place to which) 60; of (mind, opinion) 88; in (time) 656; in (direction) 59; in respect to 284; (with inf.) 3485; *En Tristran out molt buen archier* T. was a good bowman 1279; for *el = en le*, *u = en le, es = en les*, v. **li**.

en 2, etc., **an** 1310, **en(n)** 2589, (en)n 732, *adv.* and *pers. pron.* I In senses corresponding to *de*: of 2; concerning 216; (with

croire) 39; for 99, 274; from 262; II With verbs of movement: thence, away 92, 151, 156, 206, 387, 528, 587; III Referring to or establishing a loose connection with what precedes: 54, 77, etc. Redundant: 585.

en = *on*; v. **ome**.

enbrachier; *ind. pr. 3* **enbrace** 2804; *subj. pr. 1* **enbraz** 3480: *v.a.* embrace.

enbuschement, *sm.* ambush 1233.

enbuschier, *v. a. refl.* hide 1630, 1695, 3613.

enchacier; *ind. pr. 1* **enchaz** 3189: *v.a.* drive forth.

enclin, *adj.* bowed, prostrate 3640, 1132.

encliner, *v.n.* bow 798, 3158, 3328.

enclus, *sm.* enclosure 2468.

enconbrier, *sm.* difficulty 2485.

encontre, *prep.* against 817, to meet 3947; *adv.* forward, to meet 3155.

encontrer 2490, *v.a.* meet 1727, come upon (a trace) 1498.

encorder, *v.a.* fit (an arrow) 4453.

encuseor, *sm.* accuser 3860.

encuser, *v.a.* accuse 2759.

endemain, *sm.* morrow 3519.

endormir, *v. n. refl.* fall asleep 699, 1829; *pp.* **endormi**, asleep 2106, (*subst.*) 2017; benumbed 3848.

endroit, *adv.* precisely 1853; *prep.* about 4229, precisely at 4315.

endroit, *sm.* position, situation 591, place 1899.

endui; v. **andui**.

endurer 50, 4218, *v.* endure, suffer.

eneslepas, *adv.* immediately 1760.

enevoies; v. **anevoies**.

enfance, *sf.* folly 224.

enfoïr; *ind. pr. 3* **enfuet** 1910: *v.a.* bury.

enfumer, *v.a.* blacken with smoke 3572.

engagier, *v.a.* pledge 204.

engarder, *v.a.* restrain 4451.

engrés, *adj.* violent, angry 862.

enmi 1631, anmi [2419], enmié 3488, *prep.* amid 1631, athwart 3488.

ennuier 4149; *ind. pr. 3* anoie 1008, ennoie 3927; *subj. pr. 3* ennuit 2819: *v.a.* annoy, incommode.

enor 26, anor 423, anors 2211, honor 1199, *sf.* honour 419, fief, kingdom 44, 874.

enort; *v.* anort.

enpalüer 3917, *v.a.* soil.

enpené, *adj.* feathered 1283.

enpire, *sm.* kingdom 2026.

enpirier, *v.a.* make worse, weaken 3851.

enprendre; *pret. 5* enpreïstes 853: *v.a.* undertake.

enprés, *prep.* after 3471; *adv.* after, afterwards 998.

enque, *s.* ink 2429.

enquerre; *ind. pr. 3* enquiert 4444; *pret. 3* enquist 3781; *pp.* enquis 3371: *v.* enquire.

enragier, *v.n.* go mad 903, 1480.

enreignier, *v.a.* put the reins on (a horse) 3588.

ensaignier, *v.a.* cover with blood 732.

enseigne, *sf.* sign, token 778, pennon 4022.

enseignier; *ind. pr. 1* ensein 1889: *v.a.n.* teach, reveal, point out 1181, 3793, 3798.

ensement, *adv.* likewise 3598.

ensenble, *adv.* together 30, 598; *prep.* with 1683; *e. o* together with 1891.

entaier, *v.a.* cover with mud 3682.

entalentez, *pp. adj.* willing, eager 3544.

ente, *sf.* grafted tree 589.

entendre 3424; *pp.* a(n)tendu 1719, entendu 3200: *v.* attend, listen, be intent upon 734; hear, understand 260, 269.

entente, *sf.* understanding; *a vostre e.* as you understand, of course 2325.

entente, *sf.* tension; *prent s'e.* he bends his bow 4443.

enteser, *v.* stretch (a bow) 4473.

entester 1258, *v.a.* strike on the head.

entier 452, anter 4422, *adj.* whole 452, 3967, undivided, consistent 3432, perfect, genuine (?) 4422.

entor, *adv.* and *prep.* around 3594, 1225.

entrafier, *v. refl.* pledge each other 2938.

entramer, *v. refl.* love each other 1791.

entre, *prep.* between 694, among 951; *entre mains* in their hands 1241.

entrebaisier 303, *v.n.* kiss each other.

entredire, *v. refl.* say to one another 2844.

entremetre, *v. refl.* (with *de*) undertake 3784.

entrer 929, *v.n.* enter; *v. refl.* (with *en*) enter 151.

entreseignier, ..*v.* distinguish, differentiate 3709.

entresqu'a, *prep.* as far as 2386.

enuit; *v.* anuit.

envers 4404, enverse 3169, *adj.* supine.

envers, *prep.* towards 793, with regard to 218.

enviz, *adv.* unwillingly 2045; *a grant e.* very unwillingly 3537.

envoier 669; *subj. pr. 1* envoi 2691: *v.a.* send; *inf. subst.* message 669.

envoisier, *v. refl.* amuse oneself 2889; *v.n.* be cheerful 3827.

enz 941, anz 3454, *adv.* in; *enz en* in, right in 4087.

erbete, *sf.* young grass 1672.

errant, *adv.* straightway 2458, quickly 2799.

erre, *sm.* pace, speed; *grant e.* quickly 1871; *en e.* at once 1872; *a plain e.* at full speed 3668.

errer, *v.n.* walk, wander 612, 2454.

error, *sf.* error, perplexity 2217; *a e.* in error, mistaken 360.

ersoir, *adv.* last night 432.

es = *en les*; v. li.

es 570, estes 3393, *adv.* behold; (with ethic dat.) 570, etc.

eshahir, *v. refl.* be frightened 3901.

esbaudie, *sf.* reckless act (?) 3602.

esbaudir; *ind. pr. 3* esbaudist; *v. refl.* be joyful 1529.

escachier, *v.* drive, urge on 1691.

escarlate 3727, escarlates 2737, *sf.* fine woollen cloth.

eschis (for eschif), *adj.* shy, averse 1662.

eschiver 1940, *v.a.* avoid.

escollier, *v.a.* castrate 279.

escolorgier 3955, *v.n.* slip, slide.

escondire 3053; *subj. pr. 3* escondie [3047]: *v.a.* exculpate, defend (jurid.) 3252, turn away, refuse 3720, 3915; *v. refl.* justify oneself, clear oneself (jurid.) 131, 3047.

escondit 2227, escondiz 4176, *sm.* defence (jurid.).

escouellier, *sm.* dishes, utensils 1205.

escoz, *adj.* Scottish [2632].

escrïer, *v.n. refl.* cry out 884, 1496.

escrinz, *obl. pl.* of escrin, *sm.* case, 4133.

escrire 2418; *fut. 5* escriroiz 2426; *pp.* escrit 1790: *v.a.* write.

escrit 1396, escriz [2528], *sm.* writing, letter 2504, holy writ 1396.

escrive, *ind. pr. 3* of escrever *v.n.* burst open 731.

escureus, *nom. sg.* of escuruel, *sm.* squirrel 923.

esfondrer, *v.a.* churn up 3671.

esforcier, *v.a.* treat harshly, do violence to 1422.

esfreer, *v.a. refl.* frighten, be frightened 3080, 2079; *estre esfreé* be fearful, fear-inspiring 1748.

esfroïr; *pret. 6* esfroi(e)rent 1074: *v.a.* frighten 745, [1535].

esgarder 3703, *v.a.* look at 3874, decree 3267.

esgart, *sm.* care, caution 3899, decision 4138; *en e. de* intent upon 4272.

esgener, *v. refl.* wound oneself 1516.

esjoïr; *ind. pr. 3* esjot 2519: *v. refl.* rejoice.

esligier 2855, 3419, *v.* clear, justify (jurid.).

eslire 1188, *v.a.* choose 1188, perceive 1205.

esmaier 3808, *v. refl.* be dismayed.

esmarriz, *pp.* of esmarrir, *v.a.* frighten 1844.

esmer, *v.* estimate, judge 729.

esmeraudin, *adj.* emerald 2028.

esmovoir; *pp.* esmeü 1713: *v. refl.* stir 764; *v.a.* start (a stag) 1713.

espandre, *v.a.* spread 712.

espardre; *pp.* espars -e 36: *v.a.* scatter.

esparpellier 708, *v.a.* sprinkle.

esperitable, *adj.* spiritual 3402.

esperital, *adj.* spiritual 3214.

esperne, *ind. pr. 3* of espernier, *v.a.* spare 3736.

espesse, *sf.* thicket, thick part 4354.

espie, *sf.* spy 4273.

espié, *sm.* pike 3546.

espinoi, *sm.* thorny thicket 4359.

espinoie, *sf.* thorny thicket 4354.

esploit, *sm.* diligence 1862.

esploitier; *subj. pr. 2* (for *imper.*) esploites 2479: *v.n.* make haste.

espoir, *sm.* expectation 311.

espoise, *sf.* thicket 1537.

espoisier 2450 *v.n.* grow dark.

esquoi, *sm.* hiding-place 1678.

essart, *sm.* denshered land, burnt clearing 3036, 3101.

esscïent; *a e.* knowingly 521.

esse; *v.* aise.

essillier 4280, *v.a.* exile 2167; *v. refl.* suffer exile, suffer 2142.

est; *v.* issir.

estache *sm.* post, stake 3547.

estachier, *v. a.* fasten 4328.

estage, *sm.* dais 3395.

estanchier 3652, *v.* staunch.

estee, *sf.* stay 3148.

ester 206; *ind. pr. 3* estaït 1700; *ind. impf. 3* estot 3101; *5* estïez 475; *imper. 4* eston 3787; *pret. 3* estut 4034; *fut. 3* estera 3869: *v. n. refl.* remain, stand.

esterlin, *adj.* sterling; *v.* maalle and soz.

estes; *v.* es.

estoire, *s.* story, history 1267, 1789.

estoner 3766, *v.a.* stun, deafen.

estortore, *s.* stick used for pressing aside the branches when making one's way through a wood 1618.

estovoir; *ind. pr. 3* estuet 580; *ind. impf. 3* estovoit 2603; *pret. 3* estut 50; *fut. 3* estovra 249: *v. impers.* be necessary.

estrange, *adj.* strange, foreign 630, 1908.

estre 325; *subj. pr. 1* soie 2249, *3* soit 224, set 3263; *ind. impf. 1* ere 1062, estoie 2598, *2* eres 71, *3* iere 1112, ert 701, 720, 3024, estoit 717, *5* erïez 54, estïez 1005, *6* erent 3418, eirent 914, estoient 1854;

pret. 1 fui 404, *3* fu 1368, fut 821; *subj. impf. 3* fust 1587, feüst 299, *4* fuson 88; *fut. 1* serai 245, *2* seras 3408, *3* sera 3926, ert 466, iert 294, *4* seron 1902, *5* seroiz [846], *6* seront 666; *condl. 3* seroit 67, seret 193: *v.* be; *e. a estre* be impending 325; *inf. subst.* mind, condition 368, 2002, suite 2182, nature, lie of land 2438, 2452.

estot; *v.* ester.

estroit 1901, estroiz 1053, *pp.* of estreindre, *v.a.* clasp, bind tightly 1053, embrace 1901, grip (with fear) 4071.

estros; *a e.* insistently 514.

estut, estuet; *v.* ester and estovoir.

esvellier; *ind. pr. 1* esvel 2017: *v.a.* wake 2510; *v. refl.* wake up 2077; *pp.* esvelliez lively 1490.

et 806, etc., e 2698, 3185, *conj.* and; cf. Introd. p. xiii.

eu = *en le*; *v.* li.

euilz, eulz, euz; *v.* uel.

eure; *v.* ore.

eve, *sf.* water 3336, tears 1145.

evre; *v.* ovre.

façon, 2261, fachon 1151, *sf.* shape, image.

fade, *adj.* weak 3716.

faé, *adj.* enchanted 4062.

fael; *v.* feel.

fai, *imper. 2* of faidir, *v.a.* proscribe, outlaw 2577.

faindre; *v.a.* feign 1822; *v. refl.* be slow to, hesitate 2476, 3516.

faire 480, fere 1567; *ind. pr. 1* faz (?) 3224; *subj. pr. 5* faciez (for *imper.*) 4288; *ind. impf. 3* faisoit 759, faisot 585; *imper. 2* fai 543; *fut. 4* ferons 4060, feron 2262: *v.* do, make, perform; say 265;

faire *(continued)*: complete an act 728, 2431; (+ *adj.*) render 330, 414; *f. que* + *adj.* or *subst.* act as one who is 273, 520, 900; 'verbum vicarium' 567; (+ *inf.*) cause to be (done), have (done) 29, 267, etc.; *v. refl.* act as 4206, become 3780; *v. impers.* be (of the weather) 1730; *faire bien a qqn. a f. qch.* be fitting or necessary for one to do a thing 1664.

fais, *sm.* burden; *a f.* with regret 18.

faisance, *sf.* activity 1704, action 2062.

falle; *sanz f.* without fail 447.

fallir 2395; *ind. pr. I* fal 2162, *3* faut 1752; *subj. pr. I* and *3* falle 2303, 4465; *pret. 3* falli 481; *fut 3* faudra 147; *condl. 5* faudriez 3446; *pp.* falli 2168: *v.n.* fail, be wanting, miss 1763, 4465; make a mistake, err 2162.

faloise, *sf.* cliff 921.

fame, *sf.* report, news 2749.

fanc 3794, **fans** 3671, *sm.* mire.

fangoi, *sm.* slough, mire 3687.

faut 1584, *sm.* hunting-term(?).

feel 1316, **fael** 627, *adj. subst.* faithful, faithful vassal.

feelment, *adv.* faithfully 4258.

felon 613, **felons** 582; **fel** *nom. sg.* 862, *nom. pl.* 121, *obl. sg.* 4368; **feus** *nom. sg.* 3139, *obl. pl.* 4466: *adj. subst.* wicked, evil, felon, cruel.

fenestrier, *sm.* window [2468].

fenir 276, *v.n.* end.

fer *sm.* blade 4022.

ferir; *ind. pr. 3* fiert 3642; *subj. pr. 3* fire 1764; *imper. 5* ferez 3678; *ind. impf. 3* feroit 1451; *fut. I* ferrai 2014, *3* ferra 842; *pp.* feru 3547: *v.a.* strike; spur 3678.

ferlin 3654, **ferlinc** 3980, *sm.* farthing.

fermer, *v.a.* fasten 4022.

fermeté; *a f.* assuredly, doubtless 4115.

feste, *sm.* top, summit; *as festes* on high 3332.

feu 154, **fu** 1128, *sm.* fire; *mal feu* hell-fire 3788.

fi; *de fi* assuredly 4152.

fiancier, *adj.* certain, trusting, confident 2274.

fichier, *v.a.* fix 3617.

fier 863, **fiere** 3160, **fire** 1186, 2116, *adj.* fierce.

fiertre, *sf.* reliquary 4133.

filatiere, *s.* phylactery 4131.

filer, *v.n.* flow 1145.

filet, *sm.* fine thread 1150.

finer 930, *v.n.* end, die 930, desist 3566; *v. impers.* finish 1968.

fire; v. fier.

flaele, *sf.* scourge, punishment 23.

flavel, *sm.* rattle, clapper 3746.

flaveler, *v.n.* play the 'flavel' 3686.

flor, *sf.* flower 2738, flour 676.

flote; *a une f.* all of a heap 3801.

foi 55, **fei** 3094, **fois** 3490, *sf.* faith, plighted word, trust; *bone foi* (applied as epithet to Iseut) 102.

foïr; v. fuïr.

foirié, *sm.* feast-day, holy-day 2164.

fol 127, **fous** 273, **fole** 177, **fol'** 301, mad, foolish, wicked.

fole, *sf.* crowd 3880.

folement, *adv.* wickedly 661.

folie, *sf.* wickedness, folly 20, 1655, 2718.

folor, *sf.* madness 4194.

fondre, *v.n.* give way, sink 3681, 3807.

fonz, *sm.* bottom 3809.

fontenil, *sm.* small stream 1670.

force, *sf.* violence 2047, strength 3851.

forche, *sf.* fork (of tree) 1737; **forches**, gallows 42, 3332,

forfaire, *v.n.* do wrong 932; *a son forfet* to (the scene of) his misdeed 1971.

forment, *adv.* much, strongly, very 169, 493, 1105.

fors, *adv.* out of doors, without 321, 1905, out 1455, free of 2330, except 202; *f. de,* free of, away from, out 1466, 3759; *prep.* except 1012: *conj.* except that 1848, 3081; *fors que* except that 111, except 880; *fors tant que* except that 763.

fort, *adj.* strong 863, serious 306; *adv.* 1569; *a f.* vigorously, quickly 3803, 4394; *en f.* in distress 2459.

fraite, *sf.* opening 4320.

franc 2761, **frans** 2212, **franche** 3920, *adj.* noble, free.

franchir, *v.a.* set free 3007.

franchise, *sf.* nobility 1565.

frarin, *adj.* wretched, poor 419.

freor, *sf.* fear 1447.

fres 3708, **frois** 3098, **fresche** 3911, *adj.* fresh, new.

fresnin, *adj.* ash 3478.

frichon, *s.* fear 3216.

frime, *s.* hoarfrost 4120.

froidir, *v.n.* grow cold 3168.

frois; v. fres.

froit, 3754, **froiz** 3729, *sm.* cold.

fuelle, *sf.* foliage 1802.

fuellier 1840, **fulliers** 1838, *sm.* bower.

fuer, *sm.* manner 2194, price 2886.

fuerre, *sm.* scabbard 1984.

fuie, *sf.* 3081; *doner f.* put to flight, drive out 456.

fuïr 2603, **foïr** 240; *ind. pr. 1* fui 2146; *pret. 3* foï 2896: *v.n.* and *v.refl.* (with *en*) flee; *inf. subst.* flight 318.

fullie, *sf.* leafy bower 1291.

fust, *sm.* tree 4408.

gaain, *sm.* gain 1081.

gaber 4452, *v.n.* jest.

gabois, *sm.* jesting; *faireg.* make merry 122.

gacel, *sm.* marsh 3948.

gage, *sm.* pledge 1848, caution money 1880.

gaires, *adv.* hardly 4018.

gaite, *sm.* watchman 2456.

gaitier, *v. refl.* (with *de*) be on one's guard against 1698.

galois, *adj.* Welsh 1577.

galoz; *toz les galoz* at full speed 653.

gandir, *v.n.* avoid 4475.

garant, *sm.* surety 3361, 3445.

garantir, *v.a.* protect, save 756.

garçon, *sm.* menial 3638.

garde, *sf.* guard 2209; *prendre g.* take care, beware 3787.

garder 2208; *subj. pr. 3* **gart** 2839: *v.n.* look 321, see to 2208; *g. (que)* + *subj.* take care that 60, 3510; *v.a.* look at 3934, guard, protect, keep 2779, 3311, 1057; *v. refl.* be on one's guard, protect oneself 2839, 1572.

garez, *nom. sg.* of **garet,** *sm.* fallow land 3870.

garir, *v.a.n.* heal, cure 53, protect 3754, escape, go free 906.

garnement, *sm.* garment 2985; **garnemenz,** equipment 3528.

gars, *sm.* menial [3643].

gas, *nom. sg.* of **gab,** *sm.* jest 1926.

gast, *sm.* waste land, moor 1622, [1728]; *en g.* ravaged 1108.

gaudine, *sf.* woodland 1272.

gaut, *sm.* wood, forest 1751.

gel; v. **jel.**

gent, *adj.* noble, handsome 1098, 1983.

gent, *sf.* people; *tote g.* everybody 308; **genz,** persons 310; *fors de g.* away from people, outlawed 3759.

gentis, *m. nom. sg.* of **gentil,** *adj.* noble 2105.

gerpir 2244, *v.a.* abandon.

gerredon, *sm.* reward 1373.

ges; v. jes.

gesir 594; *ind. pr. 3* gist 1779;
ind. impf. 3 gesoit 1673; *pret.
3* jut 765, 4 geümes 2820, 6
jurent 1276; *fut. 1* gerrai 1001,
6 giront [2824]; *pres. p.*
gesant 4403; *pp.* geü 1839: *v. n.
refl.* lie.

geter 3658; *subj. pr. 3* get
3689: *v.a.* throw; *g. fors* cast
out 3658.

geu, *sm.* problem; *partir un geu*
set a problem 625; *geu parti*
problem (which has been set)
3077.

geue; v. joer.

gibet, *sm.* sling 2752.

givre, *sf.* serpent 1214.

glagier, *v.a.* strew with flowers
[4083].

glan, *sm.* acorn 1405.

gonele, *sf.* tunic worn over
armour 1013.

gote, *sf.* drop, jot (neg. comple-
ment) 134; *male gote*, gutta
serena, drop serene 1916.

gourd, *adj.* numb 3849.

gracïer, *v.a.* thank 2263.

graine, *sf.* scarlet colour 4099.

gramoier 304, *v.n.* lament.

grant 6, gran[t] 4049, granz 113,
grans 486, great, large, noble
1567 *granz est* it is a grievous
matter 1167; *Por si g. d'or
com il est toz* for his own weight
in gold 215.

gras, *adj.* fat 3511; cf. cras.

grater; *ind. pr. 1* grate 3728: *v.*
scratch.

gré 2802, grez 2338, *sm.* good-
will, favour; *savoir gré a qqn.
de qch.* be thankful to someone
for a thing, requite [1183],
2803; *a gré* in welcome fashion
4067; *vostre gré* your wish
2802; *outre mon gré* in spite of
myself 4173.

grenir, *v.n.* grumble, complain
3362.

greignor, *adj.* greater 2544.

gresliz, *adj.* slender 2046.

grever; *ind. pr. 3* grive 1794: *v.a.*
afflict.

grief, *adj.* difficult 1526, sad
3502; *subst.* harm [3752].

griment, *adv.* grievously 1792.

gris, *sm.* grey fur 2168.

grisens, *sm. pl.* grey cloth 3721.

grive; v. grever.

grondir, *v.n.* growl 1496.

gué 3789, gé 3712, guez 1102,
sm. ford.

gueron, *sm.* bosom 677.

guige, *sf.* strap 3965.

guignon, *sm.* booty(?) 3636.

guignier, *v.n.* wink, look fur-
tively 3874, scowl (?) 1451.

guinple 3992, ginple 4056, *sf.*
wimple.

habit; v. abit.

haie, *sf.* enclosure [3021].

haïr 272; *ind. pr. 3* het 511, 6
heent 3187; *subj. pr. 3* hast
601; *ind. impf. 6* haoient 1349;
pp. haï 1554: *v.* hate.

hait, *sm.* joy; *a h.* with joy 977.

harele, *s.* halloo 2462.

hastivement, *adv.* quickly, ur-
gently 2790.

hauberc 2772, haubers 3008, *sm.*
halberk.

hauberjon, *sm.* small halberk
1015.

hauçor, *adj.* lofty 2998.

haut, *adj.* high, loud 1235; *adv.*
high, aloud 1485, 3201, up,
high up 1615, 1758; *en h.*
aloud 1246, up, on high 1288,
1510.

hautement, *adv.* high 472.

hé, *sm.* hatred 4278.

henap, *sm.* goblet 3300.

herbé, *pp. adj.* brewed with
herbs 2138; *subst.* potion 1414.

herberge, *sf.* lodging 3014, 4079.

herbergier 2818, v. lodge.
herberjage 1360, herbergage 1428, sm. lodging.
herité, sf. heritage 3271.
herlot, sm. worthless fellow 3649.
hernois, sm. armour, equipment 204.
hisdor, sf. fear 2387.
hom, home, hon; v. ome.
honir, v.a. disgrace 560.
hoquier, v.a. shake [1543].
huchier 2745, v. proclaim.
huese, sf. boot 3683.
hui 1036, huz 3699, sm. cry, hue and cry.
hui 348, ui 2675, adv. to-day.
hurter, v.a. touch 1149, spur 3551; v.n. 3677.
hus [1209], us 1492, sm. gate, door.

i, adv. there, here 19, 92; (in the locution (il) i a) 111, 137; pron. to him, to it, to them (replacing dative) 517, 525.
ice 809, dem. pron. neut. this, that.
icil, nom. pl. 4020, icel obl. sg. 1018; dem. pron. adj. that, that one.
icist; icest, obl. sg. 2374, (for nom. sg.) 222; dem. pron. adj. this, this one.
iglise, sf. church 958.
il, pers. pron. Masc. nom. sg. il 39, (used disjunctively) 1308, 1314; acc. le 165, l' 4; dat. li 29, l' 274; accented form lui 1117, after prep. 70, as acc. 690, used for li (f.) 657, 662, 2362, 2966, 3506, 4246, 4330, 4475; nom. pl. il 49; acc. les 133; accented forms: eus 137, 473, aus 2347; dat. lor 296. Fem. nom. sg. ele 3, el 4; acc. la 197, l' 234; dat. li 1053, l' 1206; accented forms:

li, 3063, after prep. 804; lié 812, after prep. 284; li (for lui) 523, 3960. Neuter impers. nom. il 107; acc. le 180, l' 370. Enclitic forms: jel 402, gel 357, ges 304, nel 213, nul 59, nu 87, nes 463, qel 2193, quil 428, quis [756], ses 1994, sil 2467; but cf. je le 1941, ne le 791, etc.
iluec, adv. there 139.
imais, adv. evermore, henceforth 1012.
inde, adj. blue 2980.
irascuz, pp. of iraistre, v. refl. become angry 3204.
ire, sf. wrath 182.
irié 145, iré 1992, iriez 2080, adj. angry.
isnel; isneaus 1442, isnele 2640 adj. quick.
isnelement, adv. quickly 1958.
issi, adv. thus 1179.
issir 935; ind. pr. 3 ist 1780, est 1054; subj. pr. 3 isse 3786; imper. 2 is 659; pret. 3 issi 1514, 6 issirent 2491; subj. impf. 3 issist 4481; fut. 1 istrai 2908, 6 istront 100; pp. issu 2977; v.n. go out, get out (of a difficulty). 100.
itant, adv. so much, as much 1788, 2364, then 1593.
itel, adj. such 220.

ja, adv. formerly 96, 135, already 873, ever (referring to past or future) 43, 59, 87, presently, soon 637; (with temporal meaning weakened) well, truly, of course, so much as 185, 809, 979.
jagloiz, sm. sword-grass 4318.
jamais 4436, jamés 3100, jamez 621; j. jor 295; j. nul jor 1007: adv. never.
jarri, sm. (stick of) evergreen-oak 1260,

je, *pers. pron. nom.* 18, j' 80, **ge** 247, **g'** 515, (used disjunctively) 505, 4296; *acc.* **me** 7, **m'** 39; *dat.* **me** 29, **m'** 54;. accented **moi,** *dat.* 307, *acc.* 160, 168, (after prep.) 6. V. **jel, jes, jos.**

jel = *je le* 402; **gel** = *ge le* 357.

jes; ges = *ge les* 304.

joer; *ind. pr. 3* **geue** 2879, 6 **joent** [3494]: *v.n.* play; *j. de* make sport of, mock 3494.

joiaus, *obl. pl.* of **joiel,** *sm.* pleasure (carnal) 3772.

joindre, *v.a.* join, bring together 729; *v.n.* join battle 4032.

jointe, *sf.* joint 3848.

jonchier, *v.a.* spread with leaves, spread 1292, 1803.

jor, *sm.* day, daylight 688, 4461; (used adverbially) ever 2326; *jor que je vive* as long as I live 37; *nul jor* 25, *jamais jor* 295, *onques jor* 395, never; *toz jors* 1316, *toz jorz* 2250 always.

jornee, *sf.* (day's) journey 2128.

jos = *je vos* 424.

joster 4147, *v.n.* unite, come together 30; *v.a.* unite, assemble 737.

jovente, *sf.* youth 2202.

jugier 2580, *v.a.* judge 886, promulgate 2704.

juïse, *sm.* judgement (by ordeal) [3245].

jure, *sf.* oath 3244.

jurer 4217; *ind. pr. 1* **jur** 660, 2339, **jure** 4199; *fut. 3* **jurra** 4161: *v.a.* swear, pledge 660, swear by 1126.

jus, *adv.* down 1715.

jut; v. **gesir.**

la, *adv.* there 3433; *conj.* where 1910; *la ou* where 550, to where 1855, while 2157.

ladre, *sm.* leper 3299.

lai, *sm.* layman 2448.

lai; v. **lait and laier.**

laidengier 1258, *v.a.* damage.

laidier 4059, *v.a.* disgrace.

laidir, *v.a.* abuse 775, spoil 3869.

laidor; *a l.* shameful 1074.

laienz, *adv.* there within 416.

laïs, *adv.* yonder 4028.

laier; *ind. pr. 3* **lait** 131, **let** 2055; *imper. 2* **lai** 2901; *fut. 1* **lairai** 2717, *3* **laira** 296, 6 **lairont** 776; *condl. 1* **lairoie** 128, *3* **lairoit** 1848: *v.* let, leave, desist, refrain.

laisier 90; *ind. pr. 1* **lais** 2470, *3* **laise** 4403, *6* **laisent** 1527, **lessent,** 3090, **lesent** 3231, **lasent** 1272; *subj. pr. 1* **lais** 2187, *3* **laist** 154, **lest** 2536, *6* **lesent** 3231; *imper. 2* **lesse** 2696, **laise** 667, *4* **laison** 1524, *5* **laisiez** 894; *pret. 3* **laissa** 2096; *subj. impf. 3* **laisast** 811; *fut. 3* **laisera** 515; *pp.* **laisié** 1723: *v.* leave, let, leave free 1243, quit 1272, abandon 1527, leave undone 90, (+ inf.) allow, have (done) 154; *l. a* desist from 1524.

laisier 2579, *v.a.* injure, endanger, encroach upon one's rights (?); cf. Tanquerey, *Rom.* LVI, 121.

lait 1161, **lai** 885, **laide** 2019, *adj.* ugly.

lancier 3546, *v.a.* hurl.

landon, *sm.* clog (for tethering animals) 1445.

langue, *sf.* strap 3886.

larri, *sm.* moor, waste land 3088.

las, *adj.* weary, wretched 2201.

las! *interj.* alas! 265.

lasus, *adv.* there above 1210.

latin, *sm.* learning 636.

lé; lee 948, **lees** 3763, **let** 3569, *adj.* wide; broad (of cloth) 3569, 3571.

lecherresse, *sf.* trickstress, charlatane 520.

lecherie, *sf.* trickery, jest 3693.

legier; *de l.* lightly, flippantly 544; *l. a* easy to 4144.

legne, *s.* woollen garment 3568.

lehe, *sf.* wild sow 3020.

legierement 2478, **legirement** 556, *adv.* lightly.

leisor 302, **loisor** 495, *sf.* leisure, opportunity.

lerme, *sf.* tear 2493.

lermer, *v.n.* weep 1452.

leu, *sm.* place 1430, occasion, reason, excuse 248; *de leus en leus* from side to side 1802; *en fel leu* upon an evil project 4368.

leüst; v. loisir.

lever 817; *ind. pr. 3* **lieve** 1640, **live** 1793: *v.a.* raise, take up 817, 1036, 1436, wear 3711; *blasme l.* blame, bring a complaint 2569; *cop l.* direct a blow 1991; *v.n.* get up, arise 722, 827.

lez, *prep.* beside 3876.

li, *def. art. Masc. nom. sg.* li 20, 466, **ly** 4093, l' 89; *obl. sg.* le 5, l' 16; **li** (for *le*) 225, etc.; le (for *li*) 109, etc. *nom. pl.* li 26; *obl. pl.* les 288, **li** (for *les*) 874, 1660. *Fem. sg.* la 36, l' 259; enclitic forms: au 56, as 275, **del** 1644, du 288, **des** 323, **el** 151, **u** 917, **es** 4028; (used with demonstrative force) 319, 679, etc.

lian; v. **lïen.**

lié, *pron.;* v. il.

lié 122, **liez** 1228, **lie** (f.) 183, *adj.* joyful.

lïen, 1508, **lian** 941, *sm.* bond.

liez; v. lié, **lire** and lit.

ligne, *s.* linen 3908.

lil; *flor de lil* fleur-de-lys 2738.

linage, *sm.* lineage 125.

lire; *pp.* **liz** 2539, **liez** 2527: *v.a.* read.

lit 655, **liez** 703, *sm.* bed.

liue, *sf.* league 1854.

lochier, *v.a.* shake 3821.

loement, *sm.* advice, consent 2402.

loer 2371, *v.a.* advise.

loge, *sf.* bower 1290.

loi, *sf.* law, dogma, religion 2266, 660; ten commandments 2704; order, kind 1270.

loin 1878, **loinz** 3166, **luin** 1686, **luien** 3699, *adv.* far; *au luien* afar 4369.

lois, *adj.* ambiguous, uncertain (?) 2814.

loisir; *pret. 3* **lut** 4389, 4484; *subj. impf. 3* **leüst** 810: *v. impers.* be permitted.

loisor; v. leisor.

lonc 695, **lons** 2494, **loncs** 3227, **longe** 3148, *adj.* long; *subst.* length 695.

longuement, *adv.* for a long time 196.

longuet, *adj.* somewhat long 4424.

lor, *poss. adj.* their 297, 465, 616; *du lor* of their possessions 3767.

lorain, *sm.* saddle-straps 3891.

lores 521, **lors** 899, *adv.* then.

lort, *adj. subst.* stupid 2366.

los, *adj.* wretched 2146 (Cf. *Aiol* 4191).

los, *sm.* fame 3600.

losengeor, *sm.* deceitful flatterer, tale-bearer 464.

losengier, *sm.* deceitful flatterer, tale-bearer 144.

lovendrant [2159], **lovendrins** [2138], *sm.* love-potion.

luien, luin; v. loin.

luite, *sf.* discord 1118.

lut; v. lire and loisir.

maalle, *sf.* farthing, small coin (half a denier) 2924; *m. esterline* 3654.

mache, *sf.* club 1692.

madre, *sm.* mazer 3300.

magistre, *sf.* mistress, governess 345.

maile, *sf.* mesh, net 3726.

main 1220, mains 899, mens 3710, *sf.* hand; *plevir en main* pledge with a clasp of the hand 1375; *m. a m.* hand in hand 3472; *as mains* holding their hands 4185; *de bone m.* of noble degree 3520.

main, *sm.* morning 1640; *par m.* 4294; *hui m.* 4297.

mains, *adv.* less 3791.

maint, *ind. pr. 3* of manoir, *v.n.* dwell 1210.

maint, *adj.* many, many a, much 282, 636, 994; *vestu de mainte guise* wearing variegated (patchwork) clothes 3567.

maintenant, *adv.* straightway 3842.

mais 17, mes 1502, maiss 1784, *adv.* more, further 1502, 2123, henceforth 466, ever 678, 3774; *conj.* but 89, 441, but, except 355.

maisnie, 4095, mesnie 2238, *sf.* household, retinue.

mal 410, male 431, *adj.* evil.

mal 221, maus 3773, *sm.* misfortune, damage 50, pain 1274, affliction 1343, disease 3773, 3849; *par mal* with evil intent 3143; *mal ait!* cursed be! 3114.

mal, *adv.* 110, 133; *mal vos estoit lié a fallir* it ill became you to fail her 2395.

malade, *sm.* leper 1155.

malement, *adv.* badly 606.

maler, *v.a.* maltreat 3029.

malgré, *sm.* ill will; *savoir m. a* be displeased with 4277.

mandement, *sm.* message, command 2284, 2800.

mander 2421; *ind. pr. 1* mant 510: *v.a.* bid, summon, command; send (a message) 2283.

mantel 1981, manteaus 3816, *sm.* cloak; bed-covering 3480.

mar, *adv.* in an evil hour 3106.

marbre, *sm.* marble 350, stone [1693].

marc 4308, mars 1970, *sm.* unit of weight.

marchés, *sm.* marsh 3294.

marchis, *sm.* marquis 3394.

maroi 3740, marois 3681, *sm.* marsh, bog.

marrir, *v.n. refl.* be sad, be resentful 342, 3116.

mase, *sf.* reliquary 4134.

matinet; *par m., au m.* early in the morning 315, 1423.

maudiçon, *sf.* malediction 3215.

mautalent 539, maltalent 522, *sm.* anger, ill will.

mehain, *sm.* mutilation, damage 1082.

menbrer; *fut. 3* menberra 2701: *v. impers* (+ *de*) remember.

mendis, *sm.* beggar 1404.

menee, *sf.* pursuit 4088.

meneor, *sm.* captor 927.

mener 1525; *ind. pr. 3* meine 1229, maine 4095, 6 meinent 2983; *subj. pr. 1*, moigne 1934, *3* meint 1959; *fut. 1* merrai 1319, merré 241: *v.a.* lead, take, bring; show, display 1477, 2961.

mengier 1766, mangier 3505; *ind. pr. 6* mengüent 1645: *v.* eat, dine; *inf. subst.* meal 3320.

mentir 64; *ind. pr. 1* ment 448: *v.* lie 372; *foi m.* violate one's oath or promise 1318.

menu, *adj.* small, fine 1148, 3354; *Ouvrez fu en bestes, menuz* embroidered with figures of animals in small stitches 4127.

merc, *sm.* boundary stone 2771.

merci, *subst.* and *interj.* mercy 159; *por Deu merci* by God's mercy 4197; thanks 99; *la Deu merci* thanks be to God 1058; *vostre m.* by your grace, if you please 2439.

mercïer, v.a. thank 383.

merite, sf. reward, deserts 293, 1119.

merrai, merré; v. mener.

mervelle 563, merville [2456], sf. wonder, incredible thing; mervelles, adv. marvellously 1772; a m., a mervelles, a grant m. wondrously 1086, 1628, 2519.

mervellier; ind. pr. 1 mervel 219; v. refl. wonder.

mes, sm. messenger 1045.

mes; v. mais.

mesage, sm. message 689; messenger 3275.

mesagier, sm. messenger 2834.

mescheoir; subj. pr. 3 meschiee 3444; pp. meschoiet 1809: v. impers. fall out ill, mischance.

meschin, sm. lad 3523.

mesconsellier, v.a. advise wrongly 2543.

mescreance, sf. suspicion 223.

mescroire; fut. 3 mescrerra 463, mescroira 295, mesquerra 4231: v.a. distrust, suspect, disbelieve.

mesel 3947, meseaus 1203, sm. leper.

mesfaire, v.n. refl. do wrong, harm 1103, 820; En lié mesfist he did wrong with regard to her 284.

mesfait, sm. misdeed 865.

mesfait, 2091, mesfez 2171, adj. subst. guilty.

meslee, sf. quarrel, strife 3130, 3498.

mesler, v.a. embroil 513; v. refl. become embroiled 1967.

mesprendre; subj. impf. 3 mespreïst 500: v.n. act wrongly or in unseemly fashion.

mesquerra; v. mescroire.

mestier, sm. need, service, calling 3630; avoir m. be necessary,

be of service 1016; avoir m. de have need of 1572; estre m. be necessary 3589.

mestre, sm. master, governor, companion 971, 1513.

metre 1943; pret. 2 meïs 4469, 3 mist 2430, 6 mistrent 1312; fut. 5 metroiz 2641: v.a. place, put, fix (a time) 2356, 2678; mist cel non gave that name 1762; m. a raison, v. raison; m. paine take trouble 525; m. sure accuse of 557; v. refl. betake oneself, instal oneself, 3356, 4300.

mié; par mié through 1490; en mié in the middle of 4038; cf. enmi and parmi.

mie; mie nuit midnight 722.

miex 1213, mex 35, meux 564, adv. rather, better.

mignon, sm. pimp (?) 3635, 3644.

mile, s. pl. thousands 2958.

mire, sm. physician 4380.

moble, adj. soft 956.

moi, sm. may-tree 3354.

moigne; v. mener.

mol 3620, mos 3815, mole 4480, adj. soft.

molanc, sm. quagmire 3793.

moleste, sf. trouble 1586, 2822.

mollier, v. wet 1544, 3450.

mollier, sf. wife 75.

molt, adv. much, very 50, 336, 674, 950, 999, 1039.

mon, poss. adj. Masc. nom. sg. mes 214, mis 143, mi 86; obl. sg. mon 23; nom. pl. mi 627; obl. pl. mes 3219. Fem. sg. ma 22, m' 25; pl. mes 2214; Accented forms: adj. miens 1454, mien 212; pron. mien 554, moie 2107.

moncel, sm. heap 920.

monstrer; v. mostrer.

mont, sm. world 889.

mont, sm. mound, hill 916.

monter 267, *v.n.* climb, ascend, mount 473, 1870, 997, matter, be of consequence 901; *v.a.* place on horseback 3983.

morir 167, *v.n.* die 111; *v.a.* kill 4393.

mostier 2973, moutier 1509, *sm.* church.

mostrer, monstrer, *v.* show, reveal, declare 642, 881.

mot, *sm.* word 65; (used adverbially) 864, 3122, etc.

mote, *sf.* mound 3802.

movoir 1911, mover 4376; *ind. pr.* 6 muevent 4471; *pret. 3* mut 1218; *pp.* meü 1980: *v.a.* start, stir up 4376, cause 4471, move 4483; *v.n.* move 1980; *v. refl.* stir, bestir oneself 1218, 1911.

mu 1552, muz 135, *adj.* ...ech-less.

mucier, *v.a.* hide 3756.

mue, *sf.* hiding-place 4284.

müer, *v.* change 1410, change colour 343.

muser, *v.n.* act the fool 3486.

mut; *v.* movoir.

muterne, *sf.* mound 3735.

nafrer, navrer, *v.a.* wound 717, 856.

naïs 3280, *obl. pl.* of naïf, *sm.* native.

natural, *adj.* sincere 3442.

navrer; *v.* nafrer.

ne, *adv.* of negation; ne 17, n' 31, nen (before a vowel only) 76; used alone 31, or reinforced by *chose* 375, *gote* 134, *mie* 19, *mot* 247, *pas* 55, *point* 3679, *rien* 418; after comparative 278; after verbs of fearing preventing, desisting 189, 262, 292. Enclitic forms: nel 213, nul 59, nu 87, nes 463.

ne 32, 1111, n' 566, *conj.* nor, and not 295, 364; or, and 241,

478, 1111, 1557; *ne* .., *ne* .., neither .... nor 498.

neis 1038, nis 1548, *adv.* even 1038 not even 4255.

neporquant, *adv.* nevertheless 1824.

nequeden, *adv.* nevertheless 3575.

nercir, *v.a.* blacken, deprive of colour 335.

nevo 399, neveu 3093, *nom. sg.* niés 1104, *sm.* nephew.

nielle, *sf.* mist 4120.

nïer 1266, *v.a.* drown.

niés; *v.* nevo.

nis; *v.* neis.

nocier, *v.a.* marry 2394.

noient, *sm.* nothing 959; *por n.* for nothing 987, in no wise 3084; *adv.* in no wise 2025.

noier 1109, *v.a.* deny.

noif, *sf.* snow 1624.

noise, *sf.* noise 860.

nomer, *v.a.* name, indicate 4308.

non 1762, nons 2522, *sm.* name; *avoir a non* be called 1444.

non, *adv.* of negation, accented form 1333; after *je* 505; with *faire* 567, etc.; *se* .. *non*, v. se.

noreture, *sf.* training 1438.

nostre; *poss. adj. sg.* nostre 712, 1211; *pl.* nos 30, 623; accented form noz 1252.

noveler 3690, *v.a.* renew.

novelier, *adj.* gossiping 454.

noves, *sf. pl.* news 3027.

noz; *v.* nostre.

noz, *sm. pl.* knots 3302, 3676.

nu, *adj.* naked 594, 1808, unarmed 248.

nu, nul = *ne le*; v. il.

nue, *sf.* shadow 4428.

nul 2, nus 752, 2907, nule 17, obl. accented form nullui 1876; *adj.* and *pron.* no, none, any, anyone.

o, *affirmative particle* (linked with pers. pron.) *o vos* 692; (fused with *il*), v. oïl.

o, *prep.* with 28; (fused with *tot*), v. otot.

o, *adv., rel. pron., conj.*; v. ou.

ocire 2011, ocirre 1270; *ind. pr. 1* oci 1599; *imper. 2* oci 405: *v.a.* kill.

oi; v. avoir and oïr.

oïl, *affirmative particle* yes 147, 476.

oïr, 2634; *ind. pr. 1* oi 246, *3* ot 176, oit 2911, *5* oez 2317, oiez 2527, *6* oient 1533; *subj. pr. 3* oie 3508, *6* oient 3261; *imper. 5* oez 909, oiez 4; *ind. impf. 3* oiet 326; *pret. 1* oï 479, *3* oï 1679, oït 460; *fut. 2* oras 2611, orras 995, *5* orez 1440, orrez 1324; *condl. 1* orroie 4243, *3* orroit 1177; *pres. p.* oiant 2548; *pp.* oï 4224: *v.* hear; (with acc. + inf.) 326.

oisel, *sm.* bird 1778.

ome 2193, home 1137, *nom. sg.* hom 1659, hon 592; *indef. pron.* on 1388, om 244, hom 3005, en 988, l'on 91, l'en 89, l'uen 2608.

on, *adv.*; v. onc.

onbroier, *v.* give shade 1960.

onc 1868, on 3048, *adv.* ever (cf. dont).

onor; v. enor.

onques, *adv.* ever 24; *o. plus* the very most 1688; *qui c'o.* whoever 608.

ont; *par ont* whence, by which way 915, 3790.

or, *adv.* now, then 65, 469; *d'or en avant* henceforward 564.

orainz, *adv.* but now 983.

ore, *adv.* now 548.

ore 7, eure 2464, *sf.* hour; (for) the space of an hour, for a space 1410, [3231].

orendroit, *adv.* now [1187].

orfrois, *sm.* cloth embroidered with gold 2987.

orine, *sf.* origin, lineage 566.

orlois, *sm.* love-making 4338.

orne, *s.* order; *a o.* in order, in succession 3365.

ort, *adj.* dirty 3804.

os; v. tu.

os 2598, ose 62, osse 230, *adj.* bold.

osche, *sf.* notch 2081.

oscur, *adj.* dark 2441, 4352.

oser; *ind. pr. 1* os 206; *subj. pr. 3* ost 1868: *v.* dare.

ost, *sm.* army, 2577.

ostel 507, ostal 3577, *sm.* lodging.

oster 1254; *ind. pr. 1* ost 4209; *subj. pr. 1* ost 2578; *v.a.* remove; exempt 2578.

ot; v. avoir and oïr.

otot, *adv.* therewith 3734.

otrise, *sf.* permission 3459.

otroier; *ind. pr. 1* otroi 2410; *subj. pr. 3* otroie 2873: *v.a.* grant, permit.

ou 137, o 1504, *adv.* and *rel. pron.* where, (there) where; in whom 3533; when 4418; v. la ou.

ou 509, o 2868, *conj.* or; *ou .. ou* either .. or, whether .. or 2615, 224.

ouan, *adv.* this year 3291.

outrage, *sm.* outrageous accusation 306.

outre, *adv.* beyond 921, through 3479; *prep.* beyond 443; *o. mon gré* contrary to my will 4173.

outreberser, *v.a.* pierce, transfix 2154.

outrer 374, *v.n.* go further, go beyond.

ouvrer, ovrer, *v.n.* act, behave 382, 1215; *v.a.* work, embroider 4127.

ovoc 591, ovocques 2867, *prep.* with.

ovre 1121, evre 3266, *sf.* work, action.

ovrir; *subj. pr. 3* ovre 2826; *pp.*
overt 4314: *v.* open, expose
1482.

paier, *v.a.* reconcile 315.
paile, *sm.* silken cloth 3725.
paine; v. peine.
paior 1194, pire (*nom.* for *acc.*)
1187 *adj.* worse, worst.
paistre; *ind. pr. 1* pest 1358;
ind. impf. 3 paisoit 1672:
v.a.n. feed.
pal, *sm.* stake, palissade 3144.
palefroi, *sm.* palfrey 3982.
palu 3898, paluz 3700, *sf.*
marsh.
pan, *sm.* net 3020.
par, *adv.* exceedingly [70], 1157;
(reinforced by *molt*) 962, (by
tant) 834.
par, *prep.* I local: across, over
1353, through 528, 915,
throughout 208, scattered
over, in 680; *par mer* by sea,
over the sea 161; *par chanp* on
the field (of battle) 818; *par
tot* everywhere 579; (with
word denoting part of a whole)
by 128, 531. II temporal:
during, for, on 103, 1658; *par
matin* in the morning 651.
III causal: by reason of, as a
result of, out of, in 408, 513,
1704. IV modal: (agent) by
294, at the hands of 277,
through 420, on behalf of
2648; (means) by, through
583; *par senblant* by pretence,
feignedly 546; *par pechié*
wrongfully, to one's own dis-
advantage 456; *par son
pechié* to his misfortune 720;
par desroi in unseemly fashion
2574; *par son deduit* to (or for)
his pleasure 1660; (+ pers.
pron.) of one's own accord,
unaided, alone 87; (in oaths
and asseverations) by 16, 55;
de par throughout 4204; *par le*

landon tethered (?) 2724; *par
poi ne* all but 903.
parage, *sm.* high degree 2279.
pardoner, pardonner, pardouner;
fut. 1 pardorrai 554: *v.a.*
pardon 539, 2226, 181.
pardurable, *adj.* lasting 2276.
parfait, 1712 (hunting term
of uncertain meaning).
parfin, *sf.* end 2823.
parfondement, *adv.* deeply 1304.
parlement, *sm.* speech, interview
170, 3106.
parler; *ind. pr. 3* parole 2869, 6
parolent 4025: *v.n.* speak.
parmi 1782, parmié 3524, *prep.*
through, amid.
paroir; *ind. pr. 3* pert 769, 6
perent 4029; *fut. 3* parra 1252:
v.n. appear.
paroistre; *pres. p.* paraisant 704:
v.n. appear, show.
part, *sf.* side, direction 3035;
nule p. anywhere 1927; part
919; behalf 687; *de par* on
behalf of 3400.
partir 585, *v.n. refl.* leave, part
2812, 2940; *se p. de* get out of
369. Cf. geu.
pas, *sm.* ford, pass 1102, foot-
step, pace 704, 1499; *le pas*
at a walking pace 3995; (neg.
complement) 39.
passage 3591, pasage 3590, *sm.*
ford.
passeor, *sm.* crossing 3698, 3703.
passer 3819; *subj. pr. 3* past
1598: *v.n. refl.* pass, go beyond
443, 1598; *v.a.* cross, traverse
2408, pass through, experience
1300, impress 2432.
past, *sm.* paste (prepared for
feeding dogs) 1449.
pastor, *sm.* shepherd 3376.
pavellon, *sm.* tent 2767.
pechié, *sm.* wrong 6, harm, mis-
fortune, 700, 720; *par* (*son*)
pechié; v. par.
peçoier, *v.* break in pieces 4042.

M

peine 2131, **paine** 525, **poine** 4368, *sf.* pain, distress, suffering 1638, 3369; *metre p.* take trouble 525, 4368; *a p.* with difficulty 3658, 3747.

pendant, *sm.* slope 2445.

pene, *sf.* pen 2429.

pener, painer; *v.a.* pain 126; *v. refl.* exert oneself 329, 4270.

penser; *ind. pr. 1* pens 1190: *v.* think, opine, consider, reflect 1592; *v.a.* conceive 678, 791; *p. de* think of 110, remember 217; (+ inf.) think to, be intent upon 239, 3506; *inf. subst.* 3875; *pp. subst.* 88.

pensif, *adj.* pensive, worried 139, 314, 346.

per, *adj. subst.* equal, like, peer 1042, 2372, mate, lover, companion 576, 939, wife 4196, 4448.

perir 168, *v.n.* perish 1240; *v.a.* kill, destroy 168, 1062.

perrin, *adj.* of stone 3352.

perron, *sm.* block (of stone) 235.

pers, *adj.* livid, ashen (of complexion) 3170.

pertus, *sm.* opening 4321.

pertuset, *sm.* small opening 4328.

pesance, *sf.* worry, grief 488.

peser; *ind. pr. 3* poise 2404; *subj. pr. 3* poist 1117: *v.n. impers.* grieve.

pesme, *adj.* dire 1836.

pestor, *sm.* baker 675.

petit, *adj.* small 478; *subst.* humble 831; *adv.* a little, little 3125, 4096; *un p.* a little 1520; *un sol. p.* just a little 1883.

petitet *sm.* small quantity, short space 1439, 1540, 2695.

pieça 285, **piça** 3276, *adv.* some time ago; *des p.* for some time now 3276; *pieç'a que* for some time now 3592.

piece 598, **pice** 1218, *sf.* piece, space of time.

piegne, *sm.* comb 4419.

pignier, *v.a.* comb 4418.

pire; *v.* paior.

place; *en p.* wherever it be 842, upon the spot 3257.

plai; *v.* plait.

plaigne, *sf.* plain 4028.

plain, *adj.* level, flat, smooth 922, 3724; *plains chans* open fields 1424; *advl.* 3764; *subst.* plain, level space 1102, 2599.

plain, *adj.* full 328, 1865, complete 2156; *p. pas* the distance of a pace 1925; *a p. erre* at full speed 3668.

plaindre 202, *v.n.* 2322; *v. refl.* 522 complain.

plaisir 534, **plesir** 795, **plaire** 2418; *ind. pr. 3* plest 1882; *pret. 3* plot 756: *v. impers.* please; *inf. subst.* 3119, 2418.

plait 1158, **plet** 3344, **plai** 3141, *sm.* judgement 2379, proceeding 1158, agreement, understanding 2678, 3141.

planche, *sf.* plank (bridge) 3912, 3297.

planestre, *s.* planet 324.

planteiz, *adj.* abundant, numerous 1813.

plenier 3465, **plainier** 2131, *adj.* full, set 2131, 3465.

plenté, *sf.* plenty 1773.

plevir; *ind. pr. 1* plevis 354: *v.a.* pledge.

plor, *sm.* weeping 912.

plot; *v.* plaisir.

plungier, *v.* submerge 3844.

plus, *adv.* more, longer 268, 277, 365, 1491; *plus . . plus* the more . . . the more 1716; *Cil qui p. puet p. tost acort* they come as quickly as they can 876; *le p.* the majority, the host 3286.

plusor 4097, **pluseurs** 3266, *adj. and pron.* several, many 103, 3266; *tuit li p.* the majority 4097.

poacre, *sm.* gout [3850].

poi 251, un **poi** 95, little, a little, a short space 1168, 1592, 1979; few, scarce one 2900; *poi a* a short time ago [1892]; *an asez poi de borse* in a very small purse 1080; *en poi d'ore* in a short space of time 1410; *a poi que, por poi que* it lacks but little that 1815, 1852.

poier; *ind. pr. 3* **puie** [3365], 6 **puient** 1485: *v.* mount.

poindre, *v.* spur, prick 3803, 4325.

point, *sm.* point (astrol.) 327.

pois, *sm.* weight, trifling weight, trifle 780; *sor mon p.* in spite of myself 4180.

poise, poist; *v.* **peser**.

poison, *sf.* potion 1384.

poitral, *sm.* breaststrap [3892].

pont, *sm.* pommel, hilt 2082.

poor, *sf.* fear 3176.

pooir 1028; *ind. pr. 1* **puis** 1408, pus 935, *2* **puez** 739, *3* **puet** 89, *4* **poon** 624, *5* **poez** 2370, *6* **püent** 579; *subj. pr. 1* **puis** 2338, *3* **puise** 376, *4* **puison** 2287, 6 **puisent** 1082, puisen[t] 4378; *pret. 1* **poi** 105, *3* **pot** 4054, pout 3780, *6* **porent** 3141: *v.* can, be able; *ge qu'en puis?* what can I do about it? what is that to me? 4438.

por, *prep.* in place of 2180, in the interest of, for the sake of 27, 70, in the name of, by 5, 157, 791, on account of, because of, out of 61, 132, 231, 454, 820, in consideration of, at the price of 215, 263, 891, in spite of 1040, with a view to 849; (+ inf.) in order to 141, by 1588; *ne fust por vos acorocier* if it were not for fear of angering you 789; *tenir por*, consider, regard as 177; *por ce* therefore 819; *por ce que* because 71, provided that 2721.

porchacier, *v.* pursue, seek to procure 221.

porchaz, *sm.* provision, resource 1772.

porloigne, *sf.* surcease 2911.

poroc, *adv.* therefore 526.

porpenser 1038, *v.a.* plan, purpose 647; *v. refl.* reflect 709.

porperin, *adj.* red, reddish 926.

porpre, *sm.* 2736, *sf.* 2980, dark-coloured material.

porprendre, *v.a.* occupy 2769.

porseurre; *ind. pr. 3* **porseut** 2156: *v.a.* pursue.

port; *prendre p.* land 848.

portendre, *v.a.* hang with curtains 2183.

porter 3516; *subj. pr. 3* **port** 653: *v.a.* carry, wear 2710, bear (ill will, etc.) 565; *p. garant* stand surety 3361.

pose, *sf.* pause, leisure 2790; *advl.* for a space 2934, 4457.

post, *sm.* post 4482.

posteïf, *adj.* powerful 3742.

poudre, *sf.* dust, ashes 36, 1170.

poverte, *sf.* poverty, distress 240.

praerie, *sf.* meadow 2769.

pramesse, *sf.* promise 4309.

prametre, *v.a.* promise 2722.

pree, *sf.* meadow 2775.

preerai; *v.* **proier**.

premerain, *adj.* first 4342.

prendre 580; *ind. pr. 2* **prens** 1903, **prenz** [4331]; *subj. pr. 3* **prenge** 785, 6 **prengent** 3081; *imper. 2* **pren** 2625; *pp.* **pris** -e 158, 1635, **prisse** 1946: *v.a.* take, obtain, receive 51, take on, assume 199, take up, don 138, (with dat.) take possession of 158, 195, 1301; *p. a* (+ inf.) begin to 2450, 3660; *p. un terme* fix a term 3447; *En parchemin prendrai un brief* Out of parchment I will take (cut) a letter 2357; *se p.* engage oneself 583; *se p. a* take hold of 3840.

pres, *adv.* 930; *pres qu'il ne chiet* he all but falls 3945.

present, *adj.*; *en p.* straightway 1243.

prest 796, **preste** 4216, **prest'** 3225, **prez** 1442, *adj.* ready, prompt.

prime, *sf.* first hour of the day (i.e. about 6 a.m.) 873, 4119.

prime 2554, **primes** 886, *adv.* first, at first, formerly 2045.

prin; *de prin saut* at the first onset 1486.

prinsautier, *adj.* lively, quick 4140.

prinsome, *sm.* first sleep, early part of the night 659.

pris; *metre en p.* enhance the value of, exploit 4437.

prisié; v. proisier.

privé, *adj.* privy, in the king's confidence 1908.

priveement, *adv.* secretly, privately 743.

prochain, *adj.* near 4190; *subst.* close companion 4347.

prodome, *sm.* man of worth 282.

proece, *sf.* prowess 2559.

proier 543; *ind. pr. 1* pri 2779, prié 2415; *ind. impf. 3* proiot 2936, priout 2483, priout 358; *fut. 1* preerai 931; *pp.* proié 937, proïe (f.) 541: *v.* pray, entreat.

proiere, *sf.* prayer 95.

proisier 1059; *pp.* proisié 3638, prisié 3901, proisie 4187: *v.a.* esteem.

prooise, *sf.* prowess 207.

prover 1463; *pret. 3* pruva [2142]: *v.a.* test, prove 309, find guilty 666; *p. de* taste of 2142; *p. a* prove (a thing) to be 291.

pueple, *sm.* people 955, mankind 199.

pui, *sm.* hill 3145.

puie, puient; v. poier.

puiot, *sm.* crutch 1232.

puis 284, **pus** 43, *adv.* then,. since, afterwards 403, 399,

3445; *prep.* since 2491, after 4156; *puis que* 104, *pus que* 1465 since.

puteé, *sf.* shameful conduct, wickedness 4194.

puterie, *sf.* shameful conduct, wickedness 4166.

qar; v. car.

qel = *que le;* v. il.

qens; v. conte.

qeus; v. quel.

qier; v. querre.

qos = *que vos;* v. tu.

quant, qant, *conj.* when 28, 136, whenever 326, since 161.

quant, qant, *adj.* how much, how many 3759; *ne tant ne q.* whatsoever 1830; *pron.* as much as 4307; *q. que* as much as, all that 2424; *a q. que* as much as, to the utmost 1246, 2925.

quarrel; quarreaus, *sm.* pieces 3570.

quartier, *sm.* bit, morsel 1208.

que, qu', c', *conj.* (introducing substl. clause) that 20, the fact that 1382, 1384; (consecutive) that, so that 375, 1828, (after *tant, tel, si*) 63, 111, 118; (after verbs of preventing, refraining, etc.) *que . . . ne* that . . . not, lest 262, 292, 4240; (final) so that, in order that 704; (causal) because, for 624, 1010; (conditional) if 2162; (concessive) = *sans que* 1006; (introducing optative subj.) 506; = *ce que* 519, 2262; = *de ce que* 357, 384; (comparative) than 140; = *que que* than that, 37; *ne . . . que* not . . . except, only 38, 688, 933; *rel. adv.* that, when 1775, 2903. For *que* in combination with *ainz, desi, des, fors, porce, pres, puis, si, tant*, see these words.

quel 1387, qel 643, quel[s] 3220, qeus 4337, *interr. adj.* what sort of, which 838, what al 750; *pron.* li qeus which one 4337.

queles, *interj.* pray! 2299.

querre 1641, quere 1556; *ind. pr. 1* qier 216, *3* quiert 3641; *pret. 1* quis 353; *3* quist 2061; *fut. 1* querrai 2307; *pp.* quis 3498: *v.* seek, seek to, wish to, ask.

queu, *sm.* cook 1296.

queue, *sf.* tail 1543, tag (of document) 2426.

qui, qi, *m.* and *f.*, *sg.* and *pl.* 7, 16, 34, 42, 348, 573, qu' (before *i*) 2208, 4013; qui (= *cui*) *dat. sg.* 2180, (as possessive) 1062, 1682, *acc.* 648, 1067, (after prep.) 27, 202, qu' (before *i*) 1675, 1980 (cf. 1733); que *acc.* 51, 85; *nom.* (*m.* and *f.*) 261, 540, 758, 1956, *nom.* (*neut.*) 821, (= *ce que*) 2061; ce qui 822; quoi, qoi, quei, tonic form 2133; *por qoi* whereby, wherefore 2134, 2940; *par qoi* whereby 2276, by whom 1003; *a quei* with which 3619; *rel. and interr. pron.* who, which, what; qui he who, they who, whoever 42, 308, 714, 1151, if one, if anyone 906, 1110, 1226, (exclamatory) 1075; *que . . . que* whether . . . or, both . . . and 1575, 2960, 2959; *que que* whatever 2907, 3282; *qui qu' (onques)* whoever 608, 1228. For *faire que, dire que,* see these verbs; for the enclitic forms *quis, quil,* see il.

quidier; *ind. pr. 1* quit 123, qui 1854: *v.* think, believe 73, 814; *(je) qui(t)* methinks 123, etc.

quil = *qui le,* quis = *qui les;* v. il.

quitance, *sf.* release from obligation 487.

quitier, *v.a.* quit 2346, give up forgive 553.

racorder 2306, *v.a.* reconcile.

racuellir, *v.a.* assume, take up (on the other hand) 3864.

rai; v. ravoir.

raison, *sf.* reason 1383, decision 2910, discussion, deliberation 260, 537; *metre a r.* address, intercede with 165, 535.

ramee, *sf.* bower 1737.

rancune, *sf.* ill will, spite 250.

ratendre, *v.a.* expect (in exchange), 4307.

raviner, *v.n.* rush along 1684.

ravoir, *v.a.* have again 548, 807, have for one's part (or in one's turn) 381, 1810, 1821, 2032, 3997.

ré 151, rez 1020, *sm.* pyre.

rebeche, *sf.* chatter 3243.

rebors; *poil r.* hair standing up 3845.

recet, *sm.* hiding-place 3318.

recevoir 431, reçoivre 2676, *v.* receive.

reconter, *v.* relate, tell 2499, 3559.

rede; v. roide.

redemander, *v.a.* ask (in exchange) 3957.

redevoir; *pret. 1* redui 1240: *v.* be destined to (in one's turn).

refaire, *v.a.* make in one's turn 2417, make again 4449.

refu; v. restre.

refuser, *v.a.* decline, avoid 2760.

regart, *sm.* care 1928.

reherceor, *sm.* slanderer 3265.

reigne, *sf.* rein 1978, 3676.

reigne, *sm.* kingdom 884.

reigné, *sm.* kingdom 2566.

remaindre 3059, remanoir 1639; *ind. pr. 3* remaint 1561; *subj. pr. 3* remaigne 2628; *pret. 3* remest 2151, *6* remestrent 3502; *fut. 3* remaindra 2440; *pp.* remés 762: *v.n. refl.* remain, remain undone 318, 3330.

remander, *v.* announce in one's turn 2692.

remés, remest, remestrent; v. remaindre.

remuant, *pres. part. adj.* lively 1626.

remuer, *v. refl.* stir 2932.

renc 4034, rens 4183, renz 1490, *sm.* rank.

rencïen, *adj.* of Rheims 3723.

rendre 2808, *v.a.* give, render, repay 3292, surrender 1376.

rente, *sf.* restitution 2852.

reparlance, *sf.* talk, gossip 2019.

repenre, *v.a.* take back [2661].

repentir 2271, *v.n. refl.* repent 307, 1390.

reperier 3956, *v.n.* return.

repeser; *ind. pr. 3* repoise 1653: *v. impers.* grieve (likewise).

reposer, *v. refl.* refrain 3202.

repost, *pp.* of repondre, *v.* hide 4284, 4359.

reprover (*qch. a qqn.*), *v.a.* reproach someone with something 2838.

requerre 173; *ind. pr. 1* requier 631, *3* requiert 3692, requier[t] 3437; *pret. 3* requist 487; *pp.* requis 2355: *v.* request, seek.

rescorre; *pret. 5* rescosistes 2389; *v.a.* rescue.

resort, *sm.* remedy, resource 185.

restre, *v.n.* be again, be (on the other hand) 746, 2030, 2897, 3179, 3272.

retenir 2670, *v.a.* retain, hold again 3466.

reter 3058, *v.a.* accuse.

retordre, *v.n.* twist [4454].

retorner 1526; *subj. pr. 3* retort 620: *v.n.* return 2933; *v.a.* turn back 1697.

retraire 479. *v.a.* withdraw 2012, relate, recount 483; *v.n.* withdraw 2004; *se r. de* withdraw from, get out of 1568.

revel, *sm.* rebellion 3241.

reverence, *sf.* respect; *avoir a r.* hold in esteem 1596.

revertir 936, *v.n.* return.

revoier, *v.a.* see again 2797, see (in one's turn) 2086.

revoloir; *pret. 3* revot 1619: *v.* wish again.

riche, *adj.* wealthy, mighty, precious 1137, 1659, 3269, fine 4463.

rien 179, riens 1754, 2162, *sf.* thing, anything 2, 342, 1879, *N'i a mais r. del covertir* there is no longer a question of changing my mind 3193; (as neg. complement) 418; *advl.* at all 1257.

rire; *ind. pr. 3* rit 3827; *pret. 1* ris 492, *3* rist 527: *v.n. refl.* laugh.

riviere, *sf.* shore 961.

robe, *sf.* long tunic 2887.

roe, *adj. f.* hoarse 3747.

roi 594, rois 595, roiz 2632, ro 600, ros 757, *sm.* king.

roide [3246], rede 674, *adj. f.* harsh, dire.

roïne 391, etc., reïne 1532, 2027, *sf.* queen.

rosel, *sm.* reed 4082.

rosin, *adj.* rose-coloured 3911.

rote, *sf.* road 1618.

rote, *sf.* crowd 4020.

rouïz, *obl. pl.* of rouïl, *sm.* iron-mould, mould, slime 3870.

rover; *ind. pr. 1* ruis 1407: *v.* ask, command 1070, 3069.

sachier, *v.a.* shake free 941, pull aside 4327.

sage, *adj.* wise, prudent 2366, 3202, aware 3592.

saint, *sm.* bell 2962.

saintisme, *adj.* most holy 4468.

saisine, *sf.* possession 2362; *par la s.* as a token of possession 2732.

saisir 816; *ind. pr. 3* saisist 1264; *pp.* saisi- e 531, seisi 2728: *v.a.* seize, grasp 3423, seize (jurid.), endow 2728.

sale, *sf.* hall (principal room of medieval mansion) 1865.

sallir 946; *ind. pr. 3* saut 729; *subj. impf. 3* sausist 923: *v.n. refl.* leap 746.

sanbue, *sf.* horsecloth 3886.

saner, *v.a.* heal 4380.

sarge, *sf.* serge 4000.

sarmoner, *v.a.* preach at, abjure 1393.

saut, *sm.* leap 770; *le s., les sauz* leaping, skipping 1583, 528; *granz sauz* with long strides 961; *de prin s.* at the first onset 1486; *faire s.* leap 1506; *prendre un mal s.* come to an evil pass 410; *venuz sui a mon saut* I have come to my doom 788.

saut; *v.* sallir and sauver.

sauvagine, *sf.* wild life, game 1767.

sauvement, *adv.* safely 3606.

sauver 3341; *subj. pr. 3* saut 2587: *v.a.* save 3398; *v. refl.* get out of (a difficulty) 3341.

savoir 394; *ind. pr. 1* sai 663, *2* sez 1907, soiz 1873, ses 4013, *3* set 69, etc., soit 3027, 3441, 4458, 6 sevent 1123; *subj. pr. 1* and *3* sace 2802, 2803, *2* saches 1183, *5* saciés 180, saciez 2813, sachiez 1560; *pret. 1* soi 1167, *3* sout 98, sot 4445, sut 1541; *subj. impf. 3* seüst 809; *pp.* seü 4303: *v.* know, know of, know about, appreciate; (used absolutely) 298; *s. de* be versed in 636; *sanz son seü* without his knowledge 4303; *inf. subst.* wisdom 2718, 4430.

se 433, s' 156, accented form soi 944: *refl. pron.* himself, itself, herself, themselves; each other 301.

se 54, 181, 893, s' 24, 176, si 906, *conj.* if; even if, although 26, 44, 396; *se . . . non* if not,

except 2993; (introducing ind. quest.) if, whether 715; *conme se, con se* as if; *v.* conme. Enclitic *sel = se le* 1971, *ses = se les* 1994. Cf. si.

seceure, *subj. pr. 3.* of secorre, *v.a.* succour 3232.

secroi 1340, **segroi** 1325, *sm.* secret.

seel, *sm.* seal, wax 2432.

seeler, *v.a.* seal 2425.

seete, *sf.* arrow 4423.

sel; *v.* se and si.

sele 1671, **selle** 3800, **cele** 996, **silie** 3999, *sf.* settle 1485, saddle 3988.

semons, *pp.* of semondre, *v.a.* summon 3517.

sen, *sm.* sense, reason 2626.

sen; *poss. adj.*; *v.* son.

senblant, *sm.* appearance, mien, sign, evidence 497; *faire s. (de)* give the appearance of, pretend 2, 8, 543, 760; *par s.* by appearance, feignedly 546.

seneschaucie, *sf.* office of seneschal 1093.

sengler, *sm.* boar 4377.

senpres, *adv.* straightway 2160; *s. . . . s. . . .* now . . . now 3433.

sens, *sm.* sense 1469.

seoient; *v.* soier.

serf; **sers** 3007, **serve** (f.) 2203, *s.* serf.

seri, *adj.* soft 1164.

serjant; **serjanz** 3023, *sm.* servant.

serpent, *sf.* 485, *sm.* 2560, dragon.

serve; *v.* serf.

servir 2214, *v.a.n.* serve 282, 1306, act, behave 710; *s. de* serve with regard to 3630.

ses; *v.* se, si, son, and savoir.

ses, *obl. pl.* (for *nom.*) of sec, *adj.* dry, shrivelled 3852.

set; *v.* estre and savoir.

seü; *v.* savoir and seure.

seue; *v.* son.

seul, seulement, seus; v. **sol, solement.**

seür, adj. sure; advl. 2442; a s. in safety 1277, with assurance 3397.

seurdiz, obl. pl. of **seurdit,** sm. slander 3262.

seure 2166, **seurre** 1524, **sirre** 4070; ind. pr. 3 **sieut** 1962, 6 **sivent** 1706; ind. impf. 3 **suiet** 1623, 6 **sivoient** 1713; subj. impf. 3 **suïst** 1583; pp. **seü** 1551, **suï** 3977: v.a. follow, pursue; overtake, obtain 3977.

seüs, sm. hound 1576.

sevent, sez; v. **savoir.**

sez, sm. sufficiency, fill 1942.

si, 6, 600, 637, se 669, 2863, s' 316, 1336?, adv. and conj. (denoting degree) such, so 6, 293, 1622, so much 1212, 2702, as has been indicated, so 91, 710, therefore 1730, then 488, and so doing, and so 142, 206, (reinforcing et) 67, 1509, and yet, on the contrary 39, 179, 412, 1010, and 180, 316, (hortative or exclamatory) so, then 58, 154, 2863?; si m'aït Dex so help me God 628; si com 2850, si con 123, si conme 1789 as; si que as 2303, 3976, so that 1402, provided that 2191; de si que until 1869; v. **desi que.** Enclitic **sel** = se le 2542, **sil** = si le 2467, **ses** = se les 1113.

si; v. **se** and **son.**

sieut; v. **seure.**

sige, sm. seat 3325.

siglaton, sm. cloak of precious cloth 3868.

sil; v. **cil** and **si.**

silie; v. **sele.**

silve, sf. edge, border 1518.

sirre; v. **seure.**

sist, sit; v. **soier.**

sivent; v. **seure.**

soffler, v.n. blow, puff 1253.

soffre, s. sulphur 2864.

soffrete 3683, **soufraite** [2253], **soufrete** [2683], sf. need, distress.

sofrir 609, **soufrir** 586; ind. pr. 1 **sueffre** 2863; subj. pr. 2 **sueffres** 2855; subj. impf. 3 **soufrist** 2242: v.a. suffer, allow, endure; suffer a person ('s bidding) 796, 2242, 2863.

soier 3347: ind. pr. 3 **sit** 3378; ind. impf. 6 **seoient** [3396]; pret. 3 **sist** 3820; pres. p. **soiant** 3145: v.n. sit, be set.

soin 2245, **son** 634, 2462, sm. care.

soirement, sm. oath 666.

soit; v. **estre** and **savoir.**

soivre, adj. separate, deprived (of) 330.

soiz; v. **savoir.**

sol 237, **sous** 137, **sos** 3317, **seus** 762, **sole** 3879, adj. alone, single; un sol a single one 1663; adv. only, even 131; un sol petit only a little 1883; ne . . . sol jamés never in the least 4240.

solel 2449, **soleuz** 4119, sm. sun.

solement 1689, **seulement** 4484, adv. merely, even 4484, alone 1689.

solier, sm. apartment [1202].

sollier, v.a. soil 3296.

soloir; ind. pr. 3 **seut** 3776; ind. impf. 3 **soloit** 710: v. be wont.

solonc, prep. according to 2540, 2801.

some, sm. sleep 187.

some, sf. beast of burden 4206.

son, sm.; v. **soin.**

son 3, **sen** 1268, 1708, nom. sg. **ses** 699, nom. pl. **si** 83, obl. pl. **ses** 132, fem. sg. **sa** 97, s' 141; accented forms: **suen** 211, **suens** 466, **son** 2730; fem. **soue** 2050, 2092, **seue** 4340; poss. adj. and pron. his, her, its.

soner 3765, *v.* sound, ring 2962, utter (a sound) 3634; *ne s. mot* not to utter a word 247; cause to sound, play (an instrument) 3746.

sor, *adj.* auburn 2888.

sor, *prep.* upon 23, overlooking 918, upon, against 1036; *sor lor eulz* by their eyes 1032.

sorchauz, *sm. pl.* gaiters 3730.

sordire 3251, *v.a.* calumniate.

sordois, *adv.* worse 386.

sordre 4449; *ind. pr. 3* sort 1121, 6 sordent 4009; *pp.* sors -e 1079; *v.n.* arise, mount.

sorlever; *ind. pr. 3* sorlieve 3936: *v.a.* raise, lift.

sorpris, *pp.* of **sorprendre**, *v.a.* surprise 3066.

sorquerre, *v.a.* importune 3071.

sorquidez, *pp. adj.* overweening 1965.

sorrire; *pret. 3* sorrist 3932: *v. refl.* smile.

sors, sort; *v.* sordre.

sorsemaine, *s.* working-day 2164.

sort, *adj.* deaf 1122.

sortir 668, *v.n.* forecast.

souavet, *adv.* gently, softly 3105.

soudees, *sf. pl.* pay, paid service 2178, 2755.

soudoier 3541, **soudeier** 2670, *sm.* soldier, serving-man.

soudoier 2178, *v.n.* take service with a lord.

souef, *adj. adv.* gently, easily 492, 3428.

soupris, *pp.* of **souprendre**, *v.a.* overcome 2144.

sous, *pp.* of **soudre**, *v.a.* pay 274.

sous; *v.* sol.

souterrin; *v.* sozterrin.

soutiz *m. obl. pl.* of 'soutil *adj.* secret, solitary 1940.

souz; *v.* soz.

soventre, *adv.* after 1988.

sovin, *adj.* supine 2824.

soz, *obl. pl.* of **sol**, *sm.* sou; *soz d'esterlins* 3972.

soz 415, **souz** 2772, *prep.* under.

sozterrin 3351, **souterrin** [3025], *sm.* cellar.

subler 3748, *v.n.* whistle.

suen, *poss. adj.*; *v.* son.

suen, *sm.* sound 3746.

sui, suiet, suist; *v.* seure.

sure; *metre sure* lay upon, accuse of 557.

sus, *adv.* above 258, up 956, 2428, away 587; *prep.* on 727; *en sus* afar 4363.

tafur, *sm.* vagabond, beggar 3345.

tai, *sm.* mud, mire 3817, 3975.

taier, *sm.* bog 3679.

taisir 3120; *subj. pr. 3* tese 462; *pres. p.* taisant 1122; *pp.* teü 2524: *v.n. refl.* be silent.

talent, *sm.* desire, wish 31; *a nostre t.* according to our desire 2283.

tallier 3572, *v.a.* cut, cut off 448.

tameir, *v. refl.* be afraid, 3176.

tant, *adj.* and *pron.* so much, so many 1161, 3216; *adv.* so, so much, by so much 62, 96, 386, 813; *ne tant ne quant* whatsoever 498; *tant (ne)* however (much) 1626, 1908; *Tant ait plus . . . que je ne* however much . . . I do not 2411; *tant que* until 3311; *fors t. que* except in so far as 763; *tant con* as long as 2143.

tantost, *adv.* but now 4398; *t. com* as soon as 1489.

targe, *sf.* shield 3999.

targier; *pret. 3* tarja 3031: *v. impers.* delay.

tart; *estre t. a* be displeasing to 985.

tartarie, *sf.* clapper 1163.

tas; *a tas* of a heap 952.

tasel, *sm.* clasp 1982.

tel 109, **tes** 1270, **tex** 378, 3260, *adj.* and *pron.* (quality or degree) such; *tel i ara* there will be such an one, some 1244.

tencier, *v.n.* struggle 1256.

tendre 3665, *v.a.* stretch 1536, set up, pitch (tents) 2767, 3665.

tenir, 275; *ind. pr. 1* tien 424; *subj. pr. 3* tienge 2636; *imper. 2* tien 3750; *ind. impf. 3* tenoit 1282, tenet 1855: *v.* hold, grasp 275, keep, preserve 706, restrain 2799; *tenir a, t. por* regard as, consider 3431, 177; *tenez moi bien a mon ami* reconcile me with my friend 160; *t. cure de* care about 572; *t. a* cling to 1042; *v. refl.*: *se t. a* keep to 621, *se t. de* refrain from 262.

tens, *sm.* time, age, weather 2005, 1470, 1730; *tot t., toz t.* always 1189, 1442.

tenser, *v.a.* defend 754; *v.n.* struggle, debate 4442.

tentir; *ind. pr. 3* tentist [1530]: *v.n.* resound.

terdre, *v.a.* wipe 4405.

terme, *sm.* term, space, period of grace 4151, term of life 930; *a t.* at the appointed time 3248.

termine, *sm.* term, delay 2638, 4342.

tes; *v.* tel and ton.

teser; *ind. pr. 3* toise 4366: *v.n.* tend, betake oneself 4366, contend [3072].

test, *sm.* head 4477.

tibois, *sm.* commotion, noise 878.

tierce, *sf.* third hour of the day (about 9 a.m.) 4229.

tierz, *adj.* third 2675; *toi tiers* you and two others 3408.

toise, *sf.* stretch (of bow) 4456.

tolir; *pret. 1* toli 2593; *fut. 2* toudras 3271; *pp.* toloit 1281, toluz 4396: *v.a.* take, remove; *v. refl.* betake oneself off 4396.

ton, *poss. adj. Masc. nom. sg.* and *obl. pl.* tes 415, 1207, *obl. sg.* ton 404, *nom. pl.* ti 2564, 3182; *fem. sg.* ta 252, t' 1236;

accented forms: tuen 4468, toue 3724.

tor 3930, *imper. 2* of tordre, *v.a.* twist, turn.

torbe, *sm.* peat-bog 3794.

torner 162; *subj. pr. 3* tort 3282; *fut. 3* tornera 2919, torra 3461: *t. a* turn 3933; *t. a* interpret as, impute 4165; *v.n.* turn, return, go 1527, 2268, 3877, turn over 3832; *v. impers.* turn, turn out 794; *v. refl.* come forth, go away 156, 197.

tornoier, *v.n.* turn 3380.

torra, tort; *v.* torner.

tost 336, tos(t) 850, toz 1873, *adv.* soon, quickly; *bien t.* soon 3093, perhaps 711.

tot 204, toz 215, *nom. pl.* tuit 603, (for toz) 3396, tote 260, totes 460; *adj.* and *pron.* all, every; everything 2946; *adv.* wholly, quite 66, 237, 514, 1187; *du t. en t.* 168, *de t. en t.* 2693, *du t.* 397, *de t.* 1403 entirely, wholly; *par t.* everywhere, anywhere 870, 579; *toz jorz* 2250, *toz tens* 1442 ever, always; *toz les galoz* at full speed 653.

toudras; *v.* tolir.

tra(a)llier 1524, *sm.* hunting-dog? (cf. Tanquerey, *Rom.* LVI, 121).

traïner, *v.n.* drag 3906.

traïr 348; *pp.* traït 1504: *v.a.* betray.

traire 484, trere 3632; *ind. pr. 3* trait 1286, tret 3621; *pret. 3* traist 944; *pp.* trait 605, tret -e 2684: *v.a.* draw, withdraw, rescue 42, 605, 2044, extract 3349, take off 3750, suffer, endure 484; *v.n.* shoot (an arrow), 1286; *v. refl.* betake oneself, make one's way out 2892, 3621, 3673; *t. a chief* settle (a matter), give satisfaction 3501.

trait, *sm.* shot (of a bow) 4463, range (of a shot) 2846.
traïtor 3033, traïtors 1144, traître 3339, *sm.* traitor.
trametre, *v.a.* send 2359, 2525.
tranchanz 869, *sm. pl.* pruning knife or shears (?). (Cf. Godefroy, s.v. *tranchant*).
tranglotir, *v.a.* swallow up 2826.
trape, *sf.* trap 3856.
traval, *sm.* travail, distress 2161.
travalle, *sf.* travail, distress 2304.
travallier, *v.n.* worry, be distressed 4266.
trece, *sf.* tress 4390.
trechier, *v.a.* tress (hair) 1150.
tref 4094, tres 3665, *sm.* tent.
trenchier, *v.a.* cut 1291; *pres. p. adj.* trenchant 4051, cutting, sharp. V. tranchanz.
trepel, *sm.* torment 2614.
tresallir 747; *ind. pr. 3* tresaut 4460: *v.n.* tremble, start 4460, jump up 747.
trespasser; *pret. 6* trepasserent 3878: *v.* pass by 994, traverse, cross 3878.
tresque, *conj.* until 1002, 2492; *t. a, t. en* as far as 4321, 2232, 2458.
trestorner; *subj. pr. 3* trestort 2054: *v.a.* hide 3756; *v. refl.* turn away, depart 1361, 2054.
trestot 3952, trestoz 854, *nom. pl.* trestuit 1031, *adj.* and *pron.* all.
tresüer, *v.n.* perspire profusely 4431.
tresva, *ind. pr. 3* of tresaler, *v. refl.* faint 1992.
tricheor, *sm.* trickster 3266.
tricherie, *sf.* deceit 402.
tricherresse, *sf.* trickstress, vixen 519.
triés, *prep.* behind, beyond 943, 4317.
tripot, *sm.* trick, intrigue 3304, 4346, difficult situation 369, 3858.

tristre, *adj.* sad 346.
troïne, *sf.* musical instrument 4111.
trop, *adv.* too much, too long, too, 64, 734, 885, much, very 900, 1535; *t. par* very much, extremely 133.
trover 1435, *v.a.* find 338, invent 1752, arrange 3340.
truant, *sm.* vagabond 3649, 3963.
tu 405, *obl. sg.* te 429, 540, t' 79, 412; accented form toi 94, 541, 543; *pl.* vos 31, 53, 106, 1319: *pers. pron. 2;* (reinforcing affirm. part.) *o vos* 692. Enclitic forms: jos = *je vos* 424, qos = *que vos* 2813, n'os = ne vos 1243.
tuit; v. tot.

u = *en le;* v. li.
uel 3874, uiel 3854, eulz 791, euz 2930, euil[z] 3450, uiz 1452, *sm.* eye.
uen; v. ome.
ui; v. hui.
umanité, *sf.* human condition 199.
un 95, 641, uns 137, 1256, une 179, 1194, un' 1537; *num.* and *pron.* one, (preceded by def. art.) 641, 705; *indef. art.* a, an 95, 179; *uns ganz* a pair of gloves 2032.
us; v. hus.
us, *sm.* use, custom 1575.

vain, *adj.* empty, foolish, weak 413, 2132.
vair, ver, *adj.* vair (her.) 4017, bright 2888.
vair 1200, ver 2735, *sm.* minever.
valoir 1176, *v.* be (of) worth, be of avail 982, 1182.
vasal 1333, vasaus 2402, *sm.* vassal, nobleman.
vaslet 3931, vaslez 3375, *sm.* squire.

vavasor, *sm.* lesser vassal 2212, 3386.

veer 175; *ind. pr. 1* **vié** 3130; *pret. 3* **voia** 1923; *subj. impf. 3* **veiast** 1044; *pp.* **veé** 1880, **vee[e]** 104: *v.a.* forbid, prevent; refuse 1880.

veer; *v.* **voier.**

veneor, *sm.* huntsman 2697.

vengement, *sm.* revenge 998.

venir 63; *subj. pr. 3* **vienge** 1070, *6* **viengent** 465; *pret. 1* **vinc** 161, *6* **vindrent** 1363; *subj. impf. 3* **venist** 826: *v.n. refl.* come, happen 1336; *v. impers.:* *v. a* come to 2036, *v. mex a* befit more, be more advisable for 1918.

venter 2120, *v.* blow with the wind.

ventrellier 3832, *v.n.* lie on one's stomach.

vergoigne, *sf.* shame 431.

vergonde, *sf.* shame 1972.

vergonder, *v.a.* shame 3206.

verai; verais 378, **veraie** 778, *adj.* true.

vermel 768, **vermelle** 2078, *adj.* red.

verrine, *sf.* window 925.

vers, *prep.* towards 336, 611, with regard to, against 110, 132.

ves; *v.* **aler, vez** and **voier.**

vers; *v.* **vair** and **vert.**

vert 1260, **vers** 1801; *fem.* **vert** 4128, **verte** 3726, *adj.* green.

verté, *sf.* truth 394.

vertu, *sf.* miracle 3203.

vesteüre, *sf.* clothing [4098].

vestir, *v.a.* wear, put on 153, clothe 1147, 2744, cover, occupy (with people) 4085.

vez 3794, **vez ci** 928, **ves ci** 1236, **vez la** 2781, behold!

viaire, *sm.* face, appearance; *venir a v.* commend itself 2400.

viande, *sf.* food 3958.

vié; *v.* **veer.**

vieat; *v.* **voloir.**

vif 811, **vis** 4447, *adj.* alive.

vilain, *adj. subst.* peasant 3036, uncourtly 1266 unseemly, blameworthy 57.

vilanie, *sf.* uncourtly action, wickedness 34, 2230.

viloner, *v.a.* ill-treat 1107.

vis; *ce m'est vis* methinks 236.

vis, *sm.* face 1145.

vite, *sf.* life, manner of life 1120, 1422.

vivre 1213; *ind. pr. 1* **vif** 108: *v.n.* live; *jor que je vive* as long as I live, by my life 37.

vo 4226, **veu** 3094, *sm.* vow, oath.

voer; *ind. pr. 1* **vo** 2189: *v.* vow.

voia; *v.* **veer.**

voidie 673, **voisdie** 328, *s.* cunning.

voie, *sf.* way, road 915; *metre en v.* persuade, influence, train 1594, 2608, 4144.

voier 473, 1158, 4338; *ind. pr. 1* **voi** 2715, *2* **voiz** 664, *5* **veez** 4333; *ind. impf. 3* **voiet** 1448; *fut. 5* **verroiz** 3078, **verrez** 3079: *v.a.* see.

voil, *sm.* veil 4001.

voir, *adj.* true 84, 2089; *subst.* the truth 393, 1734; *a v.* truthful, serious 224; *de v.* for a truth 1420; *advl.* truthfully 41, 1859.

voire, *adv.* truly 2094.

voirement, *adv.* truly 2098.

voirre 2032 (?).

vois, voist, voit; *v.* **aler.**

voisdie; *v.* **voidie.**

voitrer, *v.n.* wallow 3685.

voiz, *sf.* voice 1164; *faire v.* give tongue, bark 1506.

voloir 297; *ind. pr. 1* **vuel** 633, **vel** 347, **vol** 162, *2* **veus** 405, **veuz** 2808, *3* **veut** 608, **vieat** 911, *6* **vuelent** 428, **volent** 3245; *subj. pr. 3* **velle** 509, *5* **vuelliez** 2609; *pret. 1* **vol** 445, 453, *3* **vot** 1302, **vout** 348, **vost** [1257], *5* **vosistes** 489; *subj. impf. 1* **vosise** 2251, *3* **vosist** 140: *v.* wish, be willing; *inf. subst.* wish, pleasure 297.

vuel, *sm.* will; *par son v.* with his consent 1130; *lor v.* if they had their way 3519.

INDEX OF PROPER NAMES